湛庐CHEERS

与最聪明的人共同进化

HERE COMES EVERYBODY

CHEERS
湛庐

8岁，女孩关键期

女の子は8歳に
なったら育て方
を変えなさい！

[日]松永畅史 著
赵学坤 译

浙江科学技术出版社·杭州

测一测

你知道叛逆期女孩的教养策略吗?

扫码加入书架
领取阅读激励

- 想让女孩在未来过上幸福的生活，从小培养她的哪种能力最重要?

  A. 学习能力

  B. 感知力

  C. 好奇心

  D. 勇气

扫码获取全部测试题及答案，
了解如何养育叛逆期女孩

- 在平时帮助女孩养成整理收纳的习惯，有助于培养她的理性思维吗?

  A. 是

  B. 否

- 叛逆期女孩动辄发脾气，妈妈应该如何应对?

  A. 说教并训斥一通

  B. 用父母权威要求女儿听话

  C. 保持淡定和克制，客观地指出问题

  D. 惩罚

扫描左侧二维码查看本书更多测试题

Before

裙子那么短，
快“走光”了
你知不知道！
有什么
大不了？
房间乱得像个狗窝，
但自己完全无所谓。
爸爸真邋遢！
我以后才不要变成
妈妈那个样子！！
在家就
摆个臭脸。
手机聊
天没完
没了，
去哪儿
都这样。
把手机
给我
放下！

After

大家都说养女儿省心，但过来人才懂其中的艰辛与狼狈。
我们期待的养育体验和真实的养育体验之间，隔着不知多少辛酸泪！

你苦口婆心：“房间乱得不行了，收拾收拾好吗？”
她理直气壮：“妈，你自己把衣服叠好了吗？爸爸都说家里太邋遢了！”
你说一，她回十。一场母女战斗即将开始……
男孩满手脏污、一身臭汗的模样的确令人心烦，但很多女孩乱七八糟的房间也让人难以忍受。
“你真恶心！”“讨厌死了！”女孩子也可能口无遮拦，社交关系一塌糊涂。

终于，女孩的妈妈们也迎来了育儿最艰难的时刻。

但是没关系！妈妈们还可以力挽狂澜。
这本书就是养育女孩的知识手册和妙计锦囊。
都说女儿是父母的小棉袄，父母要做的是赋予她智慧和修养，帮助她找到自己想要的生活。

现在，就让我们开始这趟旅程吧！

女孩 8 岁是道坎儿

谁说母女就一定更亲近

妈妈们可能经常听说：“女儿比儿子贴心、好带。”“生女孩好，不费心！”

乍一听有道理，俗话说得好：“女儿是小棉袄，儿子是皮夹克。”看看那些顽皮得像猴一样的男孩，想法极多、四处闯祸。养育男孩的妈妈们也常常不知所措地问儿子：“你这到底是图什么啊？！”对于这样的场面，男孩的妈妈们恐怕司空见惯了吧！

回过头来看女孩，那就比男孩懂事太多。再不按常理出牌的女孩，顶多也就是古灵精怪。她们也甚少做出超出父母想象的事。女孩往往安静而优雅，她们喜欢画画、玩娃娃、贴贴纸。她们懂事早、情绪稳，让岁月美好而祥和。父母如果在公众场合说一句：“宝贝乖乖在这里等一下好吗？”真能乖乖等一下的大多是女孩子。男孩听到这句话，等不了一会儿就开始四处游荡，甚至可能直接跑走。

妈妈和女孩同为女性，这让妈妈不经意间产生了一种自信，认为自己天生就了解女儿，并认为上文中的岁月静好和这种天生了解是强相关的，毕竟自己深谙如何与女孩相处，所以养育之路当然就该顺风顺水。

然而，真的如此吗？

我在教育行业摸爬滚打多年，容我实话实说，从某种程度上讲，女孩好带是你的一种自我麻醉式的自信。特别是在如今这个时代，养育女孩可能正变得比养育男孩更难。

当妈妈还是个孩子的时候，手机、电脑还是奢侈品，没那么多短视频可以刷，没什么热点可以追。但现今孩子的成长环境早已天翻地覆，与当年不可同日而语。

孩子们只要低头动动拇指，瞬间就能通晓天下事。网络的普及让孩子们接收的信息量呈爆炸式增长，比妈妈小时候接收的信息量大了几倍甚至十倍都不止。

网络时代的孩子，有着自己的世界观。孩子们的思维、行为、价值标准，也与上一代大相径庭。在如此光怪陆离、真假莫辨的虚拟世界中，哪怕是个小学生，也完全可能有一颗成人般混沌而复杂的心。有时你真不知道网络对面坐着的人到底是什么样的。

时代告诉我们，在当下养育孩子——无论是男孩还是女孩，都像在陌生的游戏地图里如履薄冰地打怪升级。但如果是养育男孩，妈妈们反而会因为性别差异而早早做好心理准备。她们会向过来人求助，或者广泛阅读养育图书，四处学习以便将来能派上用场。她们会分门别类地做好功课，比如“儿子万一跟小伙伴闹矛盾了，回家后我该跟他说什么？”或“如何陪伴儿子度过青春期？”男孩妈妈们深知，绝不能打无准备的仗。

这些年来，我参与了几十本教育类图书的编撰与出版，销量遥遥领先的总是那些与养育男孩相关的书籍。这从侧面印证了我上面的猜想，男孩的妈妈们的确为找不到养育男孩的方法感到迷茫、烦恼，并积极寻找解决方法。

与男孩妈妈相比，有些女孩妈妈似乎过于自信了。再天生了解女性，母女毕竟不是同一个人。妈妈如果执意套用自己的生活经验去解释女儿的行为，将自己的感受投射到女儿身上，就必定会遭到现实的打击。母亲在养育女儿的过程中有着巨大的养育盲区，我们首要的任务是看到这个盲区，并承认它。

女孩的小任性与教学秩序的崩塌

前文提到，养育女儿也会非常艰辛，这里我想具体讲讲背后的原因。

拉拢与孤立是小女孩间常见的行为。这种乍一看很无聊的行为早在小学低年级阶段，甚至在幼儿园时期就出现了。让人不寒而栗的是，年幼的当事人只会沉迷其中，却意识不到这些行径的本质是霸凌。

“嘿！某某最近都不跟咱俩玩了，那咱也别理她了！”

“就是！不要跟她玩了，午饭也跟她分开吃，哼！”

小姐妹们可能就这样一本正经、心照不宣地悄悄孤立他人。

这样的尖刻还可能出现在与同班男孩的相处中。

有的女孩可能在班会上娇滴滴地抱怨：“某某男同学总是把橡皮屑溅到我身上，多脏啊！我都不知道该怎么办呢。”在全班的怒目而视中，男孩越着急便越百口难辩。有的女孩伸手打了男孩，男孩但凡敢打回来，她可能立刻跑到老师处告状：“他居然打女生！这个坏蛋！”这些都是我亲耳听到的故事。

小学阶段，女孩发育得比男孩快，表达能力也更胜一筹，所以她们能在语言表达上远远强过男孩，在老师面前也更会表现自己。

我常问我班上的小学高年级男孩：“你和班上的女同学相处得愉快吗？”收到的回答基本上都是一脸惶恐：“怎么可能？她们太恐怖了！”

我观察到，每个班大抵能有一两个让男孩想要保护的女孩，引人亲近和怜爱。但更多的女孩只能用“不太敢惹”“只敢远观”

来形容。当然，这些都是男孩发自肺腑的声音。

不过，父母对女儿确实需要正确引导。否则，可能会出现恶性事件。这还真有先例，当年一所声名远扬的顶级私立初中就曝出过霸凌事件。学生在厕所里被同学囚禁和欺凌，衣服都被扒去。这可以说是极度恶性的事件了。

日本很多学校面临教学秩序的崩塌，学生嚣张游走，桌椅四散，课堂一片混乱，日本把这种现象称作“学级崩坏”。表面上看，导致这种情况的直接责任人大多是行为乖张的男孩。但若仔细观察，在背后推波助澜的也不乏个别女孩。另外，在学校拉帮结派的学生中，女孩的占比也不小。

想象一下，上面这样任性的女孩会走过怎样的成长之路呢？

中学和大学阶段本是人际关系和人生观成形的关键时期，但此时的她从来没遇到过真正意义上的知己。在孤独的裹挟下，她选择跟与自己一样的同伴们一起闲逛于街头，流连于危险区，甚至出卖年轻的身体换取虚荣的回报。

慢慢地，她熬过了高中，挺过了大学，终于能找到工作，进入社会。然而，她内心的浅薄蛮横，却让她无法处理好职场关系，与职场前辈和领导矛盾不断。她任性又脆弱，在微不足道的挑战前轻易认输，或请个长假逃避现实，或干脆辞职一走了之。

如果结婚，那么她的婚姻生活大概率也不尽如人意。任性刁蛮、抱怨不断，无论丈夫如何温柔耐心都招架不住。最后无休止的吵架让人耗尽了心力，两人也只能分道扬镳，以离婚收场。

让女儿嚣张跋扈地在人际关系、职场、婚姻上接二连三地输得一无所有，这样的悲剧人生，是我们愿意看到的吗？

我不认为相夫教子是女性的最佳选择或至高荣耀。女孩也能找到点亮自己灵魂的事业，并为之燃烧和奋进。她们当然可以选择任何一个让自己心潮澎湃的领域，定义成就，获得幸福，开拓时代，光芒万丈。

但是，一个自私任性的女孩会成为幸福的人吗？倘若她天资聪颖、能力极强，所有人都心甘情愿地忍受她的怪脾气，那她相对幸运。然而，若她相对平凡、能力普通，那她无论在家庭还是事业中都很难幸福。

让我们暂时放下执念，重新审视一下自己的女儿："她真的一切都好吗？有没有需要我帮助的地方？""我的养育方法还有哪些可以改进的？"

养育女儿的确很难，但能反思这些问题，你就迈出伟大的第一步了。

父母要在女孩 8 岁时重新制定养育策略

大部分女孩的天性里都带着几分任性。但在某个阶段，这种任性可能开始变得明显，并越发强烈。

这就是女孩 8 岁这个年龄段。从学制角度看，她们此时大多还只是小学二三年级的小姑娘，但与生俱来的任性已初见端倪。

也就是说，8 岁是道坎儿。8 岁之前女孩经历了怎样的家庭教育，其后父母又做了怎样的延续和调整，是养育女孩的关键。

这道坎儿犹如分水岭，将亲子关系分成两个截然不同的阶段。男孩的分水岭有些许延迟，在 10 岁左右才来。无论养育男孩还是女孩，父母如果能把握住这个关键的转变期，调整养育思路，就能让接下来的青春期顺利很多。

从分水岭的年龄上看，男孩和女孩之间有 2 岁的差距。但背后的道理其实是相通的，这道坎儿都出现在第二性征发育的时期。从此，他们的内分泌系统将吹响“长大成人”的号角，激素的分泌将导致身体产生剧烈的变化，孩子从生理和心理上将快速向成人靠拢。

大家应该都懂，激素分泌是产生两性差异的重要原因。比如，睾酮是一种男性激素，它让男孩声音变粗、长出胡须和腿毛、喉结变大、皮肤粗糙。

女性激素以卵巢雌激素和孕激素为代表，前者让女孩的身材发生变化，胸部开始发育，体型变得饱满圆润。卵巢雌激素通常在女性初潮期，即 8 ～ 12 岁开始分泌，此后逐步增加，直至 20 ～ 30 岁达到顶峰。女孩的身体发育比男孩开始得更早。

随着激素分泌的推进，女孩不仅要迎接生理上的变化，还要面对心理上的变化。很多妈妈在生理期前都会感到烦躁，心情起伏不定。初潮期之前的小姑娘们也有类似的表现。她们情绪波动极其强烈，内心极度敏感。很多女孩的母亲都会感觉：“女儿初潮期之前的日子太难过了，天天都要操心。”

激素分泌给女孩带来的烦躁助长了前文中提到的任性行为。如果不加以引导，女孩在家就可能任由情绪倾泻，口无遮拦；在学校则可能不分边界，伤害他人。

8 岁能成为一个重要的分水岭，就是因为它承前启后：挥别了幼年期，并拉开了青春期的序幕。

这个阶段的女孩情绪起伏不定，自控力又较薄弱，与她们相处需要极高的智慧和策略，绝不能凭着母爱“一厢情愿”。

当然，8 岁之前的抚育也同样重要。在分水岭之前塑造好孩子的基本人格，让她有正确的价值判断和大体稳定的情绪，那么初潮期的她至少不会做出伤害他人的事情来。相反，她可能秉持爱与善良，成为一个温柔聪明的孩子。

女性的幸福基石：感知力与修养

“养女儿就要养出女孩样。”妈妈们对这样的发言可能不屑一顾，认为其落后又陈旧。

其实，拥抱女性独特的气质，强化她们的天资，更能帮助女孩找到幸福，让她们过上自己想要的生活。当然，我要说的不是陈腐的陋习，例如，日本古代讲究的女子要随男子三步后而行，这种观点自然是该彻底淘汰。我真诚为女性在社会各界的发光发热喝彩。我更认为家务和养育也是男性不可逃避的责任。在我家里，打扫洗衣做饭等日常家务我干得更多，更像一个“家庭主夫”。

我想认真聊聊的是我心目中真正的“女性力”。它应该是一种美好又有力量的魅力，营造出充满个性的女性气质。它最重要的展现元素就是“感知力”。

女性的感知力体现在哪里呢？我们设想，一阵清风拂过，男性可能会思考“现在气温大概多少度了”，他们为量化万物绞尽脑汁。但女性的反应大不相同，她可能会由衷地感慨：“此时风温柔，愿卿久停留。”女性敏锐的神经能捕捉到世间千般柔情与万般精致。壮丽景象，绕梁仙音，沁脾芬芳……她们不仅能处处发掘美，更能解读、欣赏和亲近美。这种极其感性的接纳能力就是女性的感知力。

感知力让女性在凡俗生活中邂逅感动和惊喜。她从日常的生活中也能吸收到向上的能量，用愉悦和感激充盈自己的灵魂。求学阶段，她能利用这种能力来化解学习的枯燥；成年后，她也总能在细微处发掘机遇和乐趣，让事业、生活充满生机。

超强的感知力成就着女性的敏锐与聪慧，让她们笑对挫折。

除了强化感知力，妈妈还需要在女儿 8 岁之前为她做的，就是培养她良好的修养和品性。

修养体现在一个人待人接物的方方面面。她的遣词造句，衣冠举止，无一不在告诉人们，她是一个得体自信的好姑娘。当一个女孩拿出熨烫得平平整整的手帕来，或随身带着一包纸巾时，她踏实又细致的修养便悄然展现。

相反，地铁上有些高中女孩的出口成“脏”和乖张举止，令周围的人都为其汗颜。她们坐没坐相，站没站相，甚至一边大肆吃喝，一边说人坏话：“你说那女的贱不贱？”“就是一个神经病！看着都烦，想吐！”听得其他乘客如坐针毡、如鲠在喉。

俗话说，江山易改，禀性难移，可见从小培养女儿的修养有多重要。美国经典老电影《窈窕淑女》里，女主角哪怕有高人提携和专业培训，也只能学到点优雅的皮毛。她真正的成长经历与眼界、修养还是会在不经意间显露出来。知识是可以终身学习、持续累积的，但修养却极度依赖一个人在早期接受的示范与引导。所以我总劝父母们不要本末倒置。8 岁前的孩子应该先学礼貌和修养。对他们来说，做人比做题重要百倍。

一个人的修养其实与他的整理能力成正比。有些女孩看上去光鲜亮丽，房间却一片狼藉，和男孩的房间比也不相上下。衣服堆积如山，地面散落着零食袋子和饮料瓶子，整个房间完全没有整理逻辑。在这样的房间里居住，房间主人真是能忍耐啊！

我从事教育咨询多年，有太多的经验告诉我，那些不会整理和收纳物品的孩子，学习成绩也好不到哪里去。因为书桌上物品如何摆放，类似于知识点在脑海中的排布。生活习惯一片混乱的孩子，思维也不会清晰利落。各种知识只能填鸭般地灌进脑海，且成不了体系，更无法举一反三、学以致用。有时孩子会苦恼地告诉我：“老师，我都不知道我到底不知道什么，又该知道什么。”估计他房间里的物品也同样混乱不堪。

意大利著名的教育家蒙台梭利说过，儿童天生就喜欢秩序感。只需要稍加引导，孩子们就能把玩具按照尺寸和形状归类整理，也知道移动过的物品需要归位。他们的天性就如此，只要对孩子加以教育，就一定有成效。所以我们从小就要通过打扫和收拾来训练孩子的归纳和整理能力。这不仅仅是让女孩有个干净舒适的居住环境，更是在潜移默化中，由具象到抽象地锻炼她们的思维方式，让她们入学后在知识的海洋里也能保持清醒和秩序感，从而学得轻松，学得扎实。

我写本书就是希望与父母分享具体方法，让大家能够帮助女儿练就感知力、整理能力，以及判断力等重要的女性能力。话题很大，任务很重，如果本书能抛砖引玉，起到些许作用，我便不胜荣幸。

不要把自己的期待强加给孩子

作为一篇前言，本文着实不短。不过我还想对父母强调最后一点。

四季轮回中，孩子在一天天长大，我们期待辛勤的养育能带来甜蜜的回报。但这种心态一旦过于极端，就容易成为一种病态的期待。母女之间，由于性别相同，容易让人产生一种错觉：女儿是妈妈的人生副本。有些妈妈在女儿身上继续自己未曾实现的梦想："考大学我们就一定要考那一所！""以后找工作就要做XXX才好。"

这种要求过于困难，又过于具体。如果不加收敛就会愈演愈烈，直至反噬亲子关系，日本大众称这种母亲为"毒母"。她把孩子当成工具，肆意支配甚至凌辱孩子，本质只是在满足自己的欲望。她可能对孩子真正的兴趣不闻不问，但一口气报好几个学科的补习班，定目标时也任性随意："我不管，反正这次考试你就必须得一百分！""全满分的成绩单才是成绩单，其他的都别往家里拿！"孩子的精神压力巨大，成长路上苦不堪言。

其实女孩原本就是懂事、踏实的，她们一开始都愿意配合母亲，为母亲定下的高目标努力。但"毒母"的要求无休无止，孩子哪怕努力满足了要求，她给孩子的不是赞许和感激，而是更高、更难的新目标。

你们都吹过气球吧？一开始吹气球，气球会逐渐膨胀，但一直吹，气球就会承受不住压力而炸裂。这跟“毒母”对待自己女儿的方式同理。顺从的女儿如果以取悦“毒母”为己任，那么她委曲求全的最终下场，就是自己人生的崩塌。

若真如此，不知还会出现多少问题。

母女间彼此牵扯折磨，渐行渐远，以致老死不相往来的悲剧并不少见。

那时的母亲面对眼前的狼藉，再回想起当初无尽的逼迫，会是什么样的心情呢？

在她以后的人生旅程中，母女俩手挽手逛街的情景已是镜花水月了。恐怕女儿连婚礼上的一个座位都不会留给妈妈，妈妈想为女儿走入婚姻殿堂而流泪相送都不行，更别妄想儿孙绕膝的美满画面了。

如果母亲和女儿之间横亘着鸿沟，母亲只能带着蚀骨的遗憾与孤独过完余生，这一定是一个女性能感受到的最大悲苦了吧。

为了避免这种情况发生，请重新审视并调整自己的养育观与方法，这是我提笔创作本书的初衷和最高目标。

此刻，我们可以启程了。

你可以爱她，成全她，帮助她，但不要打扰和扭曲她的生活。因为她的生活只属于她自己。

这句话应该刻在每位妈妈的脑海中。

目录

第 1 章

养育女孩的 8 条准则

第 1 条　培养女孩的感知力

如果你和我一样，既有儿子也有女儿，就会发现一个神奇的现象。早在婴儿时期，男孩女孩便已经产生了明显的不同。这首先体现在他们的啼哭上：儿子的哭声洪亮有力；女儿的哭声轻柔，让人怜惜。男孩女孩在气质与体质上的不同似乎与生俱来，而我家姐弟更把这种差异展现得淋漓尽致，让我有幸能够亲自观察，深入体会。

这种性别差异会随着年龄的增长而越发显著起来。

男孩被自己强烈的好奇心驱使，无论什么事情，越“出格”就越过瘾；但女孩却似乎总被一切有爱的事物吸引，她们能专注地坐在镜子前梳妆打扮，能像模像样地照顾洋娃娃们的“衣食住行”，能极富创造力地画出一个个绘本故事。每当看到女孩的这些行为，我们都不禁赞叹“好可爱啊”。

这种聪明乖巧其实来源于她们身上一种重要的生命原力——感知力。

生活中，女性总是更擅长观察、捕捉并沉浸于那些美好动人的瞬间，甚至能为自己幻想出奇妙的体验。这都得益于女性得天独厚的敏锐感知力。我在前言中说过，我们要养育一个自信且幸福的女孩，就需要激发出她丰富的感知力。这将是她人生中最重要的素养。

感知力到底是一种什么样的能力呢？顾名思义，“感知”是客观事物在人脑中的反映。女孩可以敏捷地识别外界信息，快速做出判断，并适时给出精准的反馈。大到天地山川，小到一草一木，无一不在她们纤细却强大的感知范围内。

女孩仿佛有一根天线，能感知周遭所有的美好，然后由衷地发出感叹：“真好看！”“可爱！”“痛快！”“干得漂亮！”

面对同样的事物，女孩和男孩的反应也会有奇妙的差别。

假设春日午后，小朋友们来到公园游玩。妈妈惊喜地发现不远处有一朵朵粉色的小花，忙不迭招呼孩子们：“那儿有漂亮的花！要不要去看看？”男孩就算真的上前观看，大多也是好奇花瓣长什么形状，每朵花苞又生出了多少花瓣。当然，还有一种可能，就是他们远远瞥一眼便跑得无影无踪，全无兴致。

但女孩的反应就可能大不相同。她们明白母亲真正的关注点在哪里，能静下心来品鉴这份不期而遇的小小美丽，带着天真的语气真诚地赞赏："哇！太可爱了吧！""它们的颜色真好看！"

男女在对美的理解和表达上无疑展现出了巨大差异。

这种差异体现在方方面面，女孩能蓬勃昂扬地接收并感激自然的馈赠，花香、虫鸣都是感官的巨大享受。她们还会模仿着电视中的演员唱歌跳舞，对着新鲜欲滴的水果或芳香四溢的蛋糕欢欣雀跃。生活对于她们来说是鲜活而澎湃的，她们坦率地感受，且报之以歌。她们和她们的世界是一场美丽的相遇。这就是感知力的魔力。

到此，妈妈们不免疑惑："我知道感知力很重要了。但如果孩子以后既不当作家，也不当画家，那它又能有多大的实际用处呢？"

这个问题提得着实精彩，我接下来就要认真回答。一个普通女孩在成长中为什么也需要保护自己的感知力？

感知力是女性独特魅力的基础，是其他美好气质的基石。

如之前所讲，女孩在幼儿时期就比男孩更惹人怜爱。不仅是父母，哪怕是路人看到笑容甜美的女孩，都会忍不住夸赞："小公主真可爱啊！"这种"可爱"并不一定意味着她五官有多漂亮，更多的是指一种氛围感。这包括女孩的表情、动作、举止、神情。她明明不发一言，但散发出的气质就是让人感到和善从容，让人不禁想靠近和怜爱。

一般而言，这种自然而然就让人信任和亲近的魅力会伴随女孩一路成长，直至其成年也不消散。“可爱”在日语里可以是一种不分年龄的赞美。形容一位女性有“突破年龄界限的可爱”，是一种至高无上的夸奖，意味着她始终散发着可爱可亲的气质。这样的她一生都能被大家温柔以待。即使被时光刻满皱纹，也依然能收获朋友们真诚的夸奖：“您永远都是这么可爱！”

被爱的人大多有着强大的共情能力，能敏锐捕捉到别人的情绪需求，并慷慨回馈相应的情绪。所以跟她们聊天“总能聊到一块儿去”，大家也格外喜欢这样的人。

不过更重要的是，感知力同样是用来取悦自己的。一个敏感的人才能发现烟火人间里不经意的细节，并赋予它们美的定义，从而给自己带来源源不断的欢喜。

发现美，成全美，赞许美，让女性在和这个世界的互动中，更爱这个世界，也更爱自己。对于她们来说，一抹夕阳都能美得风情万种，天边的落霞是自然的慷慨恩赐，哪怕落日和余晖都美得摄人心魄：“我居然能看到这么漂亮的景致，感谢老天爷！”时间变得立体而生动，把她们的心灵浸染得熠熠生辉。

我羡慕女孩的天生敏感。这种于平凡处见真情，于细微处发现大美的超强感知力，是漫漫人生路上取之不尽的温暖火源，是引导她们走向幸福的灯塔。

出众的感知力令她们不仅在各种感官体验中纤细敏感，在为人处世中也体贴入微，分析信息时准确周全，所以分寸拿捏得恰到好处。

我常常问妈妈们一个问题：“你希望女儿长大后成为什么样的人？”

压倒性的一个答案是：“我希望她善良、温柔就好。”实现这个目标表面容易，实际上无比艰难。但无论是谁，要变得善良、温柔，都需要强大的感知力。

一个善良宽容的女孩子，本来就会有更多的知己，天地由此也变得宽广。爱情更是如此，她当然也能有更大的选择权了。大多数男性都会珍惜感知力强、魅力值高的伴侣。

所以我敢断言，一个人能否被周遭人群喜爱，就取决于他感知力的高低。

我们来看另一个极端，感知力低的人又是什么样子的呢？他可能像个机器人，对身边的美好和感动无动于衷。对别人的感受大多也是同样的迟钝、麻木，判断不出氛围和别人的情绪需求，所以别人给他的回应往往是“算了，你开心就好”。父母们应该不希望自己的孩子变成这样吧。

在职场中，女性的感知力也非常有价值。

给客户做汇报演示时，拥有高感知力的女性员工，往往能及时捕捉到客户的情绪变化，吃透客户的需求，甚至还会及时调整自己的内容逻辑和遣词造句，让对方心悦诚服、如沐春风。这样一来，项目自然也能圆满完成，并获得客户好评。

感知力还能帮助女性度过怀孕分娩与抚育幼儿的艰难时期。她们似乎天生就充满同情心和保护欲，哪怕突然看到一只小狗或者小猫，都会心头一软，生出无限怜爱。这种心头一软的条件反射能帮助年轻的妈妈尽快进入角色，接纳孩子，并爱上母亲这个身份。

妈妈面对宝宝时无条件的“心头一软”和爱意翻涌，就是伟大的母爱本能。

小婴儿柔柔弱弱，抚育他们太难了。面对孩子一次次的夜醒，一回回的调皮捣蛋，妈妈们需要母爱的本能来支撑她们走下去。爱能战胜一切疲倦和恐惧。

女孩的感知力是越来越强，还是日渐枯竭，很大程度上取决于她有一个什么样的母亲，以及自己是被如何养育长大的。

妈妈下次再邂逅漂亮的事物，或感觉到舒适的体验，可以亲身示范，由衷地赞美给孩子看。此刻，你的一句“好美啊！”就是在帮助女儿形成稚嫩的感知力。

女儿总是不自觉地模仿母亲。似乎有一种天然的神奇能力，让她们与妈妈串联感受、分享情绪。

父母培育孩子的感知力，应当以身作则、亲身示范，自己就要做到赞美和感激日常生活中的所有美好细节。

与生俱来的感知力是上苍赐予女孩的“特权”，父母要让它在女儿的孩提时代便茁壮成长，以期在未来能开花结果，光彩四射。

第 2 条　训练女孩的幸福力

有了孩子，父母便免不了被拖进各种亲子活动，即使并不情愿。但爸爸和妈妈在活动现场的反应往往大相径庭。听到陌生的流行歌手们引吭高歌，看着幼稚的人偶载歌载舞，爸爸和妈妈的心态竟有天壤之别。

从头到尾都表现出无聊、尴尬和困惑的一般是爸爸。他们完全提不起兴趣，实在无聊了就浑水摸鱼，甚至直接睡过去了事。有时起身出去吸根烟，总之是坐不住的。回到家后，爸爸们大多十分后悔去参加活动："早知如此还不如就在家躺着。"还不忘打开冰箱，开瓶啤酒慰藉那颗疲劳的心。

妈妈们就大不相同了。虽然一开始对活动也不感兴趣，但一旦开始她们大多能融入其中，甚至渐入佳境，越来越享受，最后玩得比孩子还开心。回到家后，妈妈们也意犹未尽，能跟孩子复盘一下表演，回味一番感受："今天过瘾了吧？""那个唱歌的姐姐其实还是个明星呢！网上都能看到她上电视节目的样子。"

这不是个例，而是男女间性别差异的真实表现。因为，女性生来就比男性更会发掘并享受乐趣。

我也不是说男性生来就不会享受乐趣。我自己就喜欢研究各种户外生火以及蔬菜栽培技术。有趣的事情当然可以让我乐在其中，但前提是它原本就是我的爱好。而一旦我失去了兴趣，这些事就变成了无聊的任务，非但得不到我的半点青睐，还会让我本能地想逃离。

与男性不同，女性就可以把原本兴致寥寥的事变为一种乐趣。她们总能在过程中捕捉到万事万物的独特趣味，然后找到能让自己感动或沉迷之处，并逐渐陶醉其中。这其实是一种化腐朽为神奇的能力，极其有价值、有意义。

我们再来看一个例子。

设想附近新开了一家日式拉面馆，有一家人去试试味道。吃完后每个人给出的反馈肯定迥然不同，从中，我们可以感受到男性和女性的思维差异。

假如这家店味道确实不错。作为男性，爸爸应该是一如既往地结论明确且证据充分。仅一声“好吃”还是略显单薄了，他很可能会进行有观点、有细节的横向比较再给出结论。

比如：“面条的口感一般，介于 A 店、B 店之间吧。但他家用的卷面卷得很到位，不怎么挂汤，刚好配这汤底。”

这番颇耗脑力的面条分析，是不是让你想起了父亲眉头紧锁的脸？

妈妈的反馈就要暖心许多，态度上也既来之，则安之：“何必非跟别的店比呢？只要人家做得好吃，我们便好好吃就对了。”哪怕汤底的确马虎，她也会鼓励大家：“好不容易过来吃一次，干掉这碗面吧，开心最重要嘛！”然后她就会发现叉烧其实还不错，饱满柔韧、鲜嫩多汁；腌笋的粗细也恰到好处。我作为男人，从某种角度看是真的羡慕妈妈们的这种爽朗和温柔。

女性可以从一切事物中找到乐趣，享受所有际遇，这种能力依然得益于她们得天独厚的感知力。她们头脑中的神奇天线能发掘出世间漂亮或可爱的事物，当然也能及时发现每一次有趣又好玩的体验。无论开始有多无聊，她们都能找到趣味点。这让人不得不佩服。

到我们这个年龄，人生时时都在与苦难和平庸做斗争，但我们又别无选择，只能在一次次挫折中爬起来继续前行。

所幸我们还能在无聊无助之中，或心酸心痛之余，拨开迷雾、撇去纷扰，找到哪怕些许惊喜和感动。这样又何尝不是一种幸运呢？

在生活中，洗晾收纳，扫地除尘，虽无趣至极但又无法回避。否则，屋子会变得一团乱麻、四处积灰。

但有时我们突然悟出个生活小妙招来，让效率瞬间提升，就会产生一种轻盈又闪耀的小小喜悦。做家务的人多少都体会过这种成就感。

在工作中，我们要准备的会议资料堆积如山，要计算的数字也复杂烦琐。但不妨想想，我们能否换种心态。“没事没事，一定有窍门可以提高效率，关键是脑洞要打开！”“这是个机会，我要让老板大开眼界！让他一边佩服我一边请我吃午饭！”这样的积极心态让人更加享受工作，更容易成功。

小朋友们其实也懂这个道理。小女孩都喜欢折腾笔袋之类的文具或往日记本上贴贴纸。这就是她们从枯燥生活中感受美好的方法，展现出时刻要让自己幸福的能力。

有的妈妈可能会有不同意见了：“可孩子们的生活本来就是自由而快乐的啊。这些半大点的孩子原本就没什么烦恼嘛。”

真的是这样吗？童年真的没有一点烦恼吗？孩子身上至少压着一座沉重的大山——学习！

当孩子发出“我再也学不下去了”的怒吼时，如果她突然找到了快乐学习的诀窍，就有了自驱力，一切就柳暗花明了。比如，都是背九九乘法口诀表，别人只能用重复战胜遗忘，但她背完一页就会贴一张可爱的贴纸，把成就可视化；学习枯燥的理科时，她会创作小人物、小插图，简单而具象化地阐释抽象又复杂的知识。有了这样的积极心态，成绩进步就水到渠成。

我希望所有孩子都能从小就发展一种能力，那就是对任何事都能乐在其中。也许我的表述让人感到夸张，但这种能力的确可以决定他们人生的充实度。

第 3 条　好修养越早培养越好

我在前文已提到过，我们要在丰富的感知力的基础上，培养女孩的修养，给她良好的教养。读到这句话，恐怕有妈妈要摇头了：“算了算了，我家又不是什么权贵豪门，可追求不了这个目标。”如果这样想就有些简单了。

我口中“良好”的修养不是夸张的“皇家礼仪”，也不是装腔作势。

真正良好的修养就是真诚自然的礼貌而已。她对亲近的家人、朋友也能恰到好处地保持适当的礼仪，日常生活中哪怕主动打声招呼，一声“早啊”“好啊”，都是她有修养的体现。父母需要教给她的，只是日常生活中分寸得当的言谈举止而已。

她并不需要时时刻刻扮演完美角色，而是保持着松弛有度的生活状态。与好友闲聊可以犀利、随和又自在；在家时卸下负担，言语轻松、随意又真诚。

当外出或与长辈谈话时，她能立刻调整语气，选择规范有礼的话语，且仪态端正。我们要的是她能根据场合和对象随机应变、得体周全。

比如去好友家里玩，刚到别人家门口时，她会主动打招呼："叔叔阿姨好，打扰了。"换完鞋后转身把自己的鞋子摆放妥当，再进屋。与好友畅聊时可以随心所欲，但如果朋友妈妈端来饮料，就要立刻双手接过，且大声说"谢谢阿姨"。

向老师提问时，她能自然而然地选择规范的礼貌用语。无论与朋友聊天时多么古灵精怪，向老师请教时都要毕恭毕敬："老师，这里我不大明白，能请您讲解一下吗？"

上学放学路上，她知道靠边匀速行进，不打闹，也不横穿马路。地铁里，即使想和朋友说话，也要放低音量，尽量不打扰到他人。这样一个修养极高的姑娘，给谁都会留下聪明懂事的好印象。

无论在学校还是兴趣班，老师们一定会对她的得体和礼貌欣赏有加。身为老师，公平公正是我们的基本功，但遇到聪慧乖巧、礼仪周全的孩子，谁都会青睐有加。

反过来，那些态度随便、言语轻浮的孩子怎能让老师偏爱？对待他们，老师怕也是得过且过。明明都交一样的学费，孩子却因为修养差没得到等价的回报，岂不可惜？

我的培训班里就有这样的可怜孩子。当然她已经在努力改正了，但无奈好修养的锤炼非一朝一夕之功。我会同情她，忍不住想："父母怎么没教给孩子基本的礼貌呢？真是可怜啊！"

钢琴等艺术类的兴趣班更是如此，那里的老师们应该更看重孩子是否成长在一个好环境、好家庭中。

好修养的作用不止于此，懂礼貌的孩子往往成绩也好。大脑的切换能力是各个领域共通的。孩子说话时能灵活调整语气与词句，那学习时也能快速进入状态。另外，随机应变离不开冷静的观察和分析，还得配以得当的言行。如此，反应力、分析力也会随之增强。而这也会提升孩子在考试时的表现，对学习产生积极影响。

但众所周知，礼貌与修养不在学校老师的教学范围内。私立学校即使设置了类似课程，也只是讲个形式，不过是授人以鱼。要授人以渔，让孩子懂其中的缘由与意义，原则与细节，只能依靠父母的悉心讲解和言传身教。

所谓一叶知秋，一个家庭的整体修养如何，我们从孩子身上就能一目了然。老话说“三岁看到老”，幼年时的所学所悟确实可能伴随她的一生。所以我们要在她学习和成长的敏感期，把正确而美好的言行习惯灌输给她，教会她。等她长大后，自然便懂得区分不同的场合，做出恰当的反应。

一个人的才智可以随着知识的积累不断提升，甚至让人刮目相看，但修养却不是。修养一旦定型，改变它将极为困难。哪怕有人在表面上装模作样，举手投足间也会“露出马脚”。

所以请各位妈妈谨记，好修养从此刻就要开始培养了，8 岁前是培养它的黄金时期。

第 4 条　好的举止是不断纠正出来的

我问过很多妈妈：“对于女儿，最让你担心的缺点是什么？”大部分妈妈回答的都是举止粗俗。

比如言语粗俗的问题，女孩也同男孩一样，开始用粗俗的语言宣泄情绪。用词粗俗就算了，大多数情况下只会说一句“牛！”。东西好吃、电影好看、路人好帅……通通都是一句“牛啊！”。妈妈们真是尴尬又无助，感叹着孩子说粗话都这么单调。

小学阶段的女孩可能以为这些词语很酷、很有个性。很多时候她们用这样的词就是为了彰显个性，并不知道这些词有多低俗。

所以父母需要做的是及时纠正孩子。她们说出的每一句脏话，都是父母进行教育的一个机会，只有当孩子们分清了每个词的是非褒贬之后，才不会继续说脏话。

纠正孩子时，父母要清楚地告诉她们，这些脏话既不酷也不彰显个性，对她们没有任何好处。

比如父母可以说：“宝贝，如果我们说那个词，别人的感受其实是‘这个孩子真不会说话，好可怜’。我们也会觉得不好意思的，对吧？”

或者说：“孩子，这个说法很没有礼貌哦。”

理由要描述得清楚而具体，让孩子“知其然”还要“知其所以然”。

此外，父母还可以表扬做得好的孩子，让孩子有学习的榜样。夸奖其他小朋友时可以说：“某某宝贝真厉害！说话有礼貌，简直像大人一样了。”

孩子做得好的时候，也不要吝啬夸奖：“哇！我们某某会打招呼啦，真不错！以后也肯定是个有礼貌的小淑女。”

切记一点，夸奖就夸奖，但绝对不能当着他人的面呵斥自己孩子：“你看看人家多棒，你得好好学啊！”无论何时，孩子都不希望被父母比较。父母那样做可能适得其反，招来更叛逆的行为，孩子更加脏话连篇。

知道这个原理，纠正孩子的行为时，父母也就能理直气壮了。只要看到女儿不重仪态，父母就要及时指出：“孩子，大腿敞开的坐姿不礼貌。腿必须并起来才文雅。”

发现问题就纠正问题，让孩子一次次地得到提醒，久而久之必定有改观。但妈妈新的担心又来了：“我要是次次都唠叨，闺女听多了怕就不在乎了吧。”

如果养育的是男孩，这个担忧是有道理的。他们心里想的是“怎么又来了”以及“有完没完”，然后充耳不闻。但女孩不一样，玉常琢方才成器。她们可以接受母亲反反复复的纠正，并在一次次的提醒中逐渐养成良好的习惯。

女孩当然也会有不耐烦的时候，也会糊弄了事。但日积月累，妈妈一遍遍的重复，终有一天优雅会化作肌肉记忆，内化在女儿的一言一行中。

改善举止，有个基本原理，那就是不断重复正确的行为，从而养成良好的习性。女性做事原本就比男性更容易形成惯性，且一旦形成，就难再改。

凡事都有两面，强大的惯性让女性多了几分固执，缺了些许变通。但从另一面看，有志者事竟成，当坚持的是正确的方向时，那迎接她们的一定是成功。

哪怕妈妈们稍显啰唆，也要在女儿的孩提时代，帮助她们把礼仪修养内化为习惯。让她们长大后，沿着这种惯性继续保持谦逊、得体、优雅。就像不刷牙就睡觉让人不舒服，我们再累也不会忘记这个习惯。

妈妈们如果能帮助孩子养成各种好习惯，那么教育的成效就会更加显著。有一天孩子会觉得胡乱踢掉鞋，不摆放整齐就进屋很难受，她就一定会把鞋好好摆整齐。如果她觉得饭前不说敬语很难受，她一定会在饭前双手执筷说一声“我开动了”。

纠正问题时不用担心自己的唠叨，这些唠叨至关重要，必须坚定地执行。

当然，父母要求孩子有正确的遣词造句和良好的礼仪形态，那自己更是要严于律己。最怕父母要求孩子时理直气壮：“你给我好好说话啊！”轮到自己开口时却粗话连篇，动不动就“什么玩意儿啊”“恶心”“爸爸的衣服土死了！”。孩子的眼睛很明亮，大人怎么做，她都看在眼里，学得进去。这种情况下，孩子更不可能自己主动改正。

妈妈只有自己做出正确示范，才能让孩子心悦诚服，甚至由衷地夸奖“我妈妈真棒”，而这才是教育之路上最关键的一步。

我在教育咨询行业已从业多年，见过的家长不计其数。但最近我恍然发现，不少妈妈对老师的态度就有失尊重。她们向我咨询时，用词极其随意，肢体形态也非常无礼：跷着二郎腿，用手随意地撑着下巴……果不其然，她们的孩子大多也不懂礼貌、举止粗俗。

我们对教师不应该差别对待，无论幼儿园或小学的老师，还是比家长还年轻 10 多岁的新手老师，钢琴班等艺术培训班的老师，游泳等体育训练队的教练，他们都应该得到尊重。

父母的表率真的能塑造孩子的认知，希望此刻的父母们回想一下，自己给女儿做好榜样了吗。

第 5 条　激发女孩天生的韧性

我们多数人都会有种感觉，认为女性普遍比男性的耐受力更强，且理由很多。其中一条是，从人类进化角度来看，女性必须忍受分娩的疼痛。能从这种极端痛苦中幸存下来，跟男性相比，女性先天的耐受力肯定更胜一筹。

我班里的女孩的确更加包容和坚韧，但要把这归因于分娩，就未免牵强。

真正赋予女孩耐受力的是她们自己：是她们敢于百炼成钢，把同样的事情不断重复，以化作惯性的韧劲儿；也是她们不屈不挠，于泥泞深渊中激励自己的顽强。她们敢于幻想，并因此乐观、坚韧。

这股韧劲儿的确与生俱来，前文已有诸多描述。同时，女孩年幼时的所见所学似乎更容易被内化为习惯，并伴随一生。

所以，女孩出众的耐受力其实更可能得益于后天的强化，是她们的父母从小培养、潜移默化的结果。

如果我们希望女孩学会忍耐，最好从她年幼时开始教导，且越早越好。

为什么要教她们学会忍耐？她们的未来和当下培养耐受力有

什么关系？

首先，这能让她们少些骄纵和任性。

其次，忍耐让她们变得包容，充分尊重不同的观点和意见。

最后，我想着重说的是，耐受力更能让女孩实现脑海中的目标。

小女孩对未来总有各种期待，如果问她们将来的理想，答案总是天马行空："我要开甜品店，做好吃的点心。""我喜欢动物，我想当兽医。""我要当专业的舞者，去国外发展。"

每个答案都可爱又独立，就像女孩子们的灵魂，各有各的独特气质。当然，孩子们的梦想也会随着成长而变化。但实现理想的过程永远是艰难的，它要求人们坚忍不拔，披荆斩棘。

想当兽医的孩子必须通过各轮选拔考试，才可能被专业医学院录取。紧接着是医学和化学知识、实验……大量知识如洪水袭来，她必须花大量的精力吸收这些知识和技能。而她奋勇独行的路上，最为重要的支撑就是童年时培育起来的超强耐受力，忍艰难困苦，忍孤独彷徨，忍功亏一篑，忍时不我与。

接下来咱们聊个轻松的话题：你有过减肥的经历吗？如果你脱口而出："当然减过！"那你就一定明白减肥是条无比艰难的路。

面对那块诱人的蛋糕，看着那台"残酷"的跑步机，你可能已控制不住内心的松懈，心里开始回荡及时享乐的声音。这时，一种神奇的力量将帮你力挽狂澜，我称之为“空想力”。你可能已经拿起叉子，决定放弃时，想象一下自己瘦下来的绰约风姿，减肥的动力便又回来了。

感知力卓越的女性就善于这种“空想”。除了减肥外，在人生其他的领域，空想力也能帮助她们披荆斩棘。在无数个想放弃的瞬间，身着白大褂拯救小动物的高大背影、亲手做的蛋糕甜点、被他人称赞的笑脸，一一浮现在眼前。看着未来意气风发的自己，她又变回了那个越战越勇的女战士。只要朝着目标前行，虽九死其犹未悔。

所以，女性的强大战斗力来自其强大的耐受力和空想力，让她们在追梦的路上不轻言放弃，敢于卧薪尝胆，全力以赴。

学业之路也不例外。初三是另一个分水岭，中考的重要性不言而喻。有意思的是，什么时候开始备考，居然是因人而异的。

日本的初中通常会在中考前一年的春夏之交举办运动会，运动队的孩子们也以此为契机，参加完最后一次比赛便把所有重心放到备战中考上。但很多男孩就是不慌不忙，他们一定要心不在焉地“过渡”一段时间再开始学习。这可能是因为高强度的集训结束，他们的人生突然多了一段自由的空白期，所以无比放松。紧随其后的暑假也难见他们用功，甚至 9 月开学也还是优哉游哉。更有甚者，一些男孩完全不会焦虑，哪怕到了中考前也能“岿然不动”，让人汗颜。

女孩则正好相反。她们几乎都同时调整状态，从训练结束后的第一天起就全身心投入学习，赛道转换得自然而然。

另外，初二开始，会考成绩的计算与录入就开始了，学生们相应地需要提交各种材料。自然也是女孩按时提交，保质保量；男孩常常一头雾水，丢三落四。

我一直喜欢观察这类现象，管中窥豹，意味深远。

常常有人疑惑："为什么男孩总是自由散漫，不到最后关头就不着急？而女孩往往一开始就能清醒规划，一旦遇到有必要且有意义的事情，就能振作精神认真对待呢？"

你觉得原因是什么呢？为什么女性能早早进入角色，踏实靠谱地把事情往前推进？

原因各种各样，不一而足。但根据我多年的观察和分析，前文提到的"空想力"功不可没。

准妈妈们总是预先做好功课，买各种物资，办各种手续，让孩子能平安顺利地出生，且不错过任何节点或忘记关键任务。女性似乎总在预想和展望一年以后的生活，然后回到现实，以此提醒自己未雨绸缪，做好万全的准备。

有个姑娘在初三时成功"逆袭"，成绩飙升，考进了一所重点高中。她说："初一上学期的师生面谈会上，我被吓到了。当时的老师告诉我，如果我的学习成绩保持不变，那最后得去一所特别差的高中。我们网球部有个学长就去了那里。我一想到要去那所学校，整个人不寒而栗。我都没有办法想象我穿着他们的校服去上学的样子。对了！他们的校服也无比难看，我真的情愿没有校服。所以，我必须进名校。初一时我觉得特别优秀的师兄们都去了名校，学校的风评也特别好。”

这个女孩一想到要进入一所不太好的学校就极不情愿，满心都是“这怎么行！我必须努力”的决心。女孩擅长先人一步设想并筹划未来。男孩在这方面完全不行，他们连半年后的事情都懒得打算，也无从打算。

女性就是善于将无与伦比的耐受力、克制力与极度强大的空想力、联想力结合起来，厚积薄发、所向披靡。

那么，女性在什么时候会展示出最强大的耐受力呢？

当她们身边出现了最重要的人，且需要她们呵护和照顾时，她们的耐受力便达到峰值了。是的，这个重要的人，就是孩子，女性“为母则刚”。

第 6 条　常夸“可爱”，给足女孩安全感

妈妈们都能感觉到女孩的语言表达能力发展迅速，很快便变得伶牙俐齿，甚至有点“狂妄自大”。升入小学后，感官发育更

迅速，女孩把很多事情都能分析得头头是道，强烈要求妈妈平等相待。

妈妈如果要求女儿收拾一下房间，女儿很可能会顶嘴："妈妈你先去把衣服叠好再说。连爸爸都老嚷嚷说家里好乱。"

妈妈希望女儿把饭菜吃光别浪费，女儿则是一脸嫌弃："妈妈你看看自己的肚子吧，圆滚滚的多难看。我才不要胖成这样！"

母女逐渐陷入没完没了的口舌之争。女儿反应迅速、逻辑严谨，总是跟妈妈针尖对麦芒。亲子关系如履薄冰，亲子对立愈演愈烈。但有时逞了口舌之快后，妈妈也会自责："刚才那句话我就不该说的，确实伤孩子心了，唉！"没事，这种控制不住自己的情况，是大家都有的。

有趣的是，这种情况在母子之间不常发生。倒不是说男孩有多体贴懂事，而是男孩和母亲的性别原本就不同，彼此间无法理解的事情太多了，反而不计较一些小事。母女却是性别相同的两个人，共通的体验很多，稍有不理解便被放大。"你连这都不懂吗"的心态会让争执变得愈加尖锐。

与女儿争吵时，该怎样处理负面情绪呢？

其实很简单，事后一句及时的道歉就够了。妈妈主动说："刚才抱歉，对不起宝贝！"女儿便自己默默消化，慢慢理解妈妈的态度和事情的本质，发现自己其实也没有那么有理。

但是，一句道歉就能消解矛盾的基础是母女间原本就有的互信与互爱。若没有经年累月的付出、呵护与鼓励，妈妈妄想以“毕竟我是她妈妈”就获得女儿的谅解，那是大错特错的。

母女间的互信与互爱是怎么建立起来的呢?

当然是在平凡的生活中，妈妈用无条件的爱与接纳，用温柔的包容和坚定的引导，自然而然地让女儿依恋自己，信任自己，从而产生的。

能翻开本书，我相信你是发自内心地爱孩子的。那我想进一步问问你，平时你表达过这种爱吗?

我想许多妈妈会迟疑片刻，即使回答也略显尴尬：“有时候表达过吧。”

日语里有句老话说：“以心传心方为上道，沉默也是一种沟通。”但实际生活中，很多时候沉默就是面对面的孤立，寄希望于用沉默去传达爱，恐怕最终将事与愿违。因为要传达的情绪和心意太多了，太复杂了。

夫妻间的情感沟通也需要言语做桥梁，生活中的一句句“谢谢你”可以传达的温存和感激就很重要。

所以亲子间也不要吝啬这些意义非凡的只言片语。有一种自欺欺人的心态：“毕竟我们是父母，天下无不爱孩子的父母。我不必多说，孩子也该知道我喜爱她啊。”这其实是一种偷懒行为。

不过每天例行公事地说一句“孩子我爱你”，也有些做作和不走心。所以，妈妈们到底该如何把控表达的分寸和力度呢?

我的建议是将“孩子我爱你”换成“宝贝太可爱了”。生活中无论遇到任何事，再微不足道，妈妈都可以真诚地夸孩子一句：“宝贝太可爱了。”夸孩子可爱是一种魔法，我在过去撰写的书里多有论述，但现在我忍不住还想再次提及。**“真可爱”对于女孩来说，是一句有魔力的赞美，能让她获得自信。**

乍一看，“可爱”似乎是一个空洞肤浅的词，且仅限于形容女孩的外表，其实不然。孩子无意间的一颦一笑，一言一语，偶尔笨拙的体贴，出其不意的单纯微笑都是引人怜惜的“可爱”举止。

为什么要夸奖这些看上去自然而然的儿童特性？正因为它们自然而然，且稍纵即逝，所以才需要深入地观察，敏捷地捕捉。孩子发现，父母总能夸奖自己身上旁人看不到的“可爱”，那他们自然是爱自己的，是看得到自己的。孩子要的就是这种“我虽然看上去没什么特别，但你就是偏爱我”的爱。

更进一步地分析，这一声声“宝贝真可爱啊”是在告诉孩子：你不需要努力争取，不需要与他人比较，不需要任何理由，你的一切我们都爱。你被爱，只因你是你。于是，她便懂得，自己的到来是被祝福的，自己什么都不做就能给父母带来欢喜，这是一个人最大的安全感和成就感。

女孩感到自己的存在就是意义本身，父母对自己的爱是不设限、不设防的。她可以不加伪装、放心大胆地做自己，可以不去讨好任何人，只因身后有父母坚实而周全的呵护。这样的笃定感就是最高级的自信心。

同样的场景，男孩需要的鼓励就大不相同。

对男孩的夸奖要非常具体："这事儿干得漂亮！""这次你非常努力！"赞许时，父母要说清楚他是哪里做得好，或挑战了什么厉害的事。这些赞扬有理有据，更加有说服力。偶尔结果欠佳，男孩也会知道，自己拼尽全力的姿态本身就值得被尊重。他当然愈加笃定和自信自己是被爱的，内心丰盈而骄傲，虽败犹荣、越挫越勇。

当然，女孩也需要父母夸奖她的行为和成绩。但女孩的自我要求原本就极高，自制力也远远高出男孩。如果一个认真踏实的女孩只能听到父母说"你很努力，不错！"，她可能在开心之余自加压力："我以后是不是要更努力才行？如果将来退步了，爸爸妈妈是不是就不这么喜欢我了？"

夸奖和肯定变成无谓的压力，得不偿失。妈妈不是不能只夸奖行为，只是要注意表达。

人生漫漫，常有不如意之事。有时激流勇进，但最后却"竹篮打水一场空"。有时万分期许，到头来万事皆空。

面对无处不在的挫折，女孩需要一股"任尔东西南北风"的自信。最坚实的自信一定来自自我的肯定，而非外界的评判。偶尔动摇时，女孩想起从小被父母无条件呵护和关注的体验，那句时时萦绕在耳边的“宝贝就是可爱”将支撑她奋勇向前。

对女孩而言，从小的全方位接纳，胜过理性而具体的鼓励。一万句“你可以更努力”也不如一句发自肺腑的“我女儿就是可爱”。被夸赞可爱滋养大的女孩一定会成为强大的战士。

自信像一种生长在心灵深处的植物，在它枝繁叶茂之前，我们需要仔细栽培，慷慨灌溉。终有一天，它会开花结果，惊艳女儿的整个人生。

第 7 条　教女孩学会说“不”

有两个词可以用来形容女性和男性的对话模式：顺接和逆接。

它们指的就是我们在接话时的态度。女性在倾听时，一般不会尖锐地否定或批评，而是以礼貌性的“好的”“明白了”承接对方的意见，再过渡到自己真正的观点上去。但男性一般直来直去，遇到反对意见时，经常说的就是“那不可能”以及“但是”。

我自己就喜欢逆接型聊天，有时甚至不觉得自己需要被温柔以待。因为与顺接型女性聊天时，我常有一种后背发痒的感觉。她们明明是反对我，却要先用“是的呢”“好呀”“明白啦”“没错”

顺接我的观点，然后再反驳我。

有趣的是，顺接、逆接的对话差异其实在我们小时候就出现了。女孩的表现更为明显。不信可以观察一下女儿和小伙伴之间的对话，两个小朋友肯定都会顺接对方的观点。

女孩为什么有这样的顺接天赋？因为她们天生就有出色的协调能力。

协调能力是指一个人灵活应变的能力。她能根据周遭环境和对方身份，快速选择恰当的语言或行为。有这种能力的孩子，在学校等集体环境中能游刃有余，不会因感觉不出氛围而得罪别人。

小朋友们商量放学后去哪玩时，大家可能会分为两派，有想在学校操场玩的，也有想去公园的。如果这是一群女孩，她们可能就会站在对方的立场上思考并妥协，最终找到一个折中方案："那不如咱们先在学校玩，然后再继续去公园？"互相体谅，皆大欢喜，分歧很快得到解决。

但如果是一群男孩，恐怕会在一场激烈的争吵后分道扬镳："哼！我们几个要在学校玩。""随你便，反正我们去公园。"（但事后大家仍然聚在一起，玩得不分彼此。）

集体活动或比赛时，女孩队也往往很快达成共识，率先行动。团体跳大绳这种活动更是女孩的优势项目，大家很容易便分工妥当、各司其职。

协调力意味着灵活变通和改变自我。它让女孩放下偏见，兼容并包，广交朋友。也让女孩能理解父母的期待，从而约束自己，不断进步，成为一个温和懂事的好孩子。

至此，我们看到了协调能力带给女孩的好处。但协调力太强也不全是好事。其中一个不足就是容易让女孩变得优柔寡断，面对无理的要求和错误的引导也时常心软，不敢拒绝。

正因为协调力让女孩有极强的适应力和转变力，所以如果周围环境不好，女孩也容易近墨者黑。

如果有人怂恿她去老师办公室，偷偷在老师的桌子上乱写乱画，她也因羞于拒绝，而勉强答应。但做了错事又难逃责罚，十分委屈。

这种恶作剧行为姑且还能被原谅。但若孩子已上中学了，却还被品行不良的朋友影响，甚至触碰法律底线，后果就极其严重了。这不是危言耸听，生活中不乏实例。

做父母一定要“先孩子之忧而忧”，事前把问题想得严重些，早早防范。父母要教会孩子的是：你的观点和判断很重要，当你想坚持时当然可以坚持。团队精神不等于从不拒绝，坚持自我和彼此尊重并不矛盾，有些格格不入反而证明你特立独行。我在第 5 章会详细阐述这一点。

父母一定要多问孩子：“这种情况，你会怎么做？”“这件事情，你的看法是什么？”孩子常思考这些问题，就会形成更鲜明的个人观点，且更自如地表达出来。

如此，我们能帮助孩子把协调性和自我判断有机结合起来，让她们既守得住自己的原则和底线，又能兼收并蓄，听到不同的声音。

这样的孩子堪当未来的引领者。人生之路上，她们会一步一个脚印，越走越坚定，越走越宽广。从班委，到学生会主席，直至企业领导，一切皆可期。

第 8 条　让女孩自己做决定

古语有云："父为子纲，夫为妻纲。"说的是一个女孩只要小时候顺从父亲，成年后顺从丈夫就好。当然，这种糟粕已经被尘封在历史中了。

如今，很多女孩在男女关系中俨然是决策者，去哪里、玩什么都由她做主。比如男孩问："今天咱们干什么呢？"女孩可能会脱口而出："看电影啊！我想看的那部片子今天上映。"问题瞬间就解决。男孩非但不会反对，反而有种不需要自己思考的如释重负。常有些男孩认为："与比我大的女孩谈恋爱真省心。我都不用动脑子，她什么都有数，什么都能做主。"

这个时代的姑娘们更加有主见，但有主见的前提是，她们得具备充分的判断力和抉择力。如果自己优柔寡断、畏首畏尾，那一锤定音的气势又从何而来呢？

要面对纷繁复杂的选择做出正确的判断，选出最好的答案，不是一件容易事。上文提及，这要求女孩有足够的判断力和抉择力，而这些能力的来源是经验，尤其是丰富的亲身经历。女孩必须在不计其数的实战中体会做决定的艰难和成就感。他人是无法教会孩子这种能力的。但现实生活中，又有多少家庭真的会让孩子参与讨论事务呢？

很多父母都会教导女儿凡事要独立自主，但等到需要做决定时，又南辕北辙：“我说什么你就做什么，别磨磨蹭蹭的。”这样的教育，留给孩子的只是困惑和委屈。

女孩原本就有善解人意的特点，即使父母强加干涉，也会认真倾听，还能站在父母立场思考：“算了，他们毕竟是大人，经验肯定比我丰富。”但一次次的妥协和理解会让女孩逐渐放弃自己的想法，甚至放弃去构建自己的想法，培养判断力自是空中楼阁。

成长过程中，孩子总有父母庇护，顺从父母不失为一个安全的选择。但她们总有长大、独立的时刻，需要为自己撑起一片天。如果她们无法独立，自然就需要依赖别人，而这是福是祸实在难定。

总有人被花言巧语蒙骗，她们最大的问题就是没有判断力，从来不知事情还有别的可能性。一个人如果始终不会自己做决定，那即使没被诈骗，生活也不会幸福。而每每遇到不幸，她只能痛哭流涕："我本来不是这样的，我的人生其实可以更好的。""那时候如果没听他的就好了。"

自己做决定这件事需要很高的智慧。即使买个吸尘器也需要做足功课，比较每款产品的优缺点、使用体验、耐用性、保养的难易度等。

善于做决定的人一定善于思考，这样的人把力气花到学习上，肯定也会事半功倍、出类拔萃。

所以去商场购物是培养判断力和抉择力的最佳方法。

下次带孩子去买球鞋，可以让她自己做决定。她分析的因素越多，越知道分清主次。当下她只是从颜色、样式、尺寸、预算中选出最佳的鞋子，但久而久之她就能在人生道路上抽丝剥茧、取舍抉择。

当然，人生的修罗场上还有很多关键的抉择，不容马虎。父母不把这些重大事项的决定权都交给孩子，也是合情合理的。但即使如此，父母也别忘了与她们充分地交流。

最怕的就是父母粗暴地用一句"我都是为你好"来掩饰自己的专断，然后逼孩子顺从自己的安排。希望父母谨记这个误区，千万避免。

第 2 章

如何应对女孩的叛逆期

女孩可能更叛逆

一个人从呱呱坠地到长大成人，会经历不同的成长阶段，跨过很多重要的分水岭。其中有一个是绕不过去的，那就是叛逆期。很多妈妈觉得男孩才会有叛逆期，但其实女孩也同样有。她们也一定会经历这个脆弱又暴躁、敏感又冷漠的特殊时期。且随着时代演进，男女的思维方式也在变化。日本网络上常有“草食男配肉食女”的说法，意为女性比男性更激进和直率。此话不假，青春期的孩子也是同理，**很多女孩叛逆起来可能比男孩更厉害。**

曾几何时，那个小女孩总是围着你转，一声声“妈妈”地喊，但突然有一天她就进入了叛逆期。从此她紧张而敏感，为一点鸡毛蒜皮的事情大哭大闹。仿佛整个人绷着一根弦，时常处在崩溃的边缘。

熬过了这个阶段的父母们对这样的场景恐怕都记忆犹新：“曾经女儿特别懂礼貌，出门时必打招呼‘爸妈我走了啊’，回到家时也有一句‘我回来了’。而一到叛逆期，离家回家都一语不发。晚饭后我们要是搭句话，她立刻就冲我们吼‘烦不烦’，然后什么都不说，径直回屋。

“那时候，我连她的房间都不敢打扫。只要我拿着吸尘器走进去，她就立刻发火：‘别乱进别人房间！’但之前的她真不是这个脾气，这让我很吃惊。”

看到过来人的抱怨和委屈，你有什么感受呢？有的妈妈或许会说：“我闺女好着呢，她不会这样的。”

我再次提醒一下，叛逆期是成长的必经之路。无论父母预期如何，女孩都会进入叛逆期。养育女儿的父母还是早早做好准备，迎接这个挑战吧。

接下来的问题是，叛逆期会在什么时候出现呢？

一般来说，男孩的叛逆期会在青春期刚开始，即小学高年级到初中左右到来。此时他们的身体逐渐产生变化，如皮肤变得粗糙、体毛加重，同时声音也开始变粗。这宣告孩子进入了第二性征发育期。

但女孩要早得多，一般在小学四年级左右便开始出现叛逆期的特征，随后愈加明显。其实此刻的她们也迎来了第二性征发育期，初潮、胸部发育、体型变丰满等特征逐渐凸显。父母此时就要做好心理准备，迎接孩子的叛逆期了。

每个孩子的叛逆程度不同，父母的感受也不同，有些轻微到如同被蚊子咬，有些则严重得像被大黄蜂围攻。

不必多说，如果能选的话，还是前者比较好吧。

凡事预则立，不预则废。**父母不想吃孩子叛逆期的苦，就要学会未雨绸缪，女儿 8 岁前的教育极为重要。**当然，一旦进入了叛逆期，父母就更要保持清醒，机智地应对，好好地沟通。

当父母先做到万事俱备，上了战场才能便乘东风，从容陪伴女儿度过叛逆期。

女孩为何叛逆

我们明白了叛逆期将在何时出现，接下来要讨论的就是如何应对了。不过我还想再讨论一个重要的问题：叛逆期为何会出现?

孩子刚来到这个世界时曾那么依赖妈妈，和妈妈寸步不离。婴儿时期，哪怕只是与母亲分离片刻，她也会忍不住哇哇大哭，然后手忙脚乱地爬来找妈妈、追妈妈。这些极度亲密和依恋的回忆，一生都会铭记在心。

但母子关系并不是持续的依恋与共生，它一定会随着孩子的成长展现出新的形式，相应地不断变化和升级。

两岁的女儿终于能走得稳当了。还记得此时的她对凡事都爱说“不”吗？那些莫名其妙的“我不干”和“就不要”其实是她们走向自立的第一步。一次次对抗的背后，伫立着她们的独立精神：“我已经不是一个小婴儿了，现在的我可以自己做主。”她们心中有了自我意识的萌芽，第一次意识到了母亲和自己是两个独立的个体。

这种自我意识一旦萌芽，便开始茁壮成长。此后在幼儿园、学校中的集体生活经历就是这种自我意识的阳光和雨露。但真正意义上的个人独立意识觉醒，还是会出现在第二性征发育期之初，即女孩的叛逆期。

这时她们会明确要求父母尊重自己：“我不是小孩了，别再把我当个小宝宝看！”而且她们开始探索父母究竟是怎样的个体，通过不断的质疑甚至挑衅来摸索父母的性格特征。

这个过程其实是孩子在学习与父母剥离，她们会逐渐形成客观的亲子观。一切结束后，她们便能安稳地离开原生家庭，走向社会，实现真正的个体独立。

孩子的成长应该是令父母欣慰的，她们第一次颤颤巍巍地迈出脚步时，父母都是松开手成全，并满心欢喜的。没有人会在这个闪耀的时刻唉声叹气：“唉！她会走路了，我该怎么办才好啊？”

仔细想来，其实叛逆期和学步期的性质是一样的，无论看上去如何，实质上都只是成长途中的关键点而已。叛逆期的女儿也是在向新的阶段迈出脚步，她一个人面对这个世界，正在颤颤巍巍地伸出小脚丫。父母没有道理惶恐不安，更没有必要哀叹：“完了！这就是叛逆期了吧，我惨了。”**父母请谨记，叛逆期是孩子成长路上的又一个高光时刻。从本质上讲，它的到来应该是令人喜悦的。**

如前所述，父母最需要关注的是，孩子逆反的程度为何各不相同？有些孩子让父母头痛不已，十分严重。但有些孩子的叛逆就轻微得让人几乎无感。父母必须事后回想，才能略有察觉：“咦！孩子是不是有点叛逆期的表现了？”更让人感叹的是，还有些孩子干脆就没有叛逆期的表现，这种“天使宝贝”似乎还在日益增多。

孩子天生的个性肯定是缘由之一，但起更大作用的还是父母的态度。父母如何对待和消解孩子的逆反行为直接影响孩子叛逆的程度。

有些妈妈总觉得自己对孩子理应全权掌控，会产生“女儿是我生出来的，我跟她怎么说话都行”以及“小孩子家懂什么，当然得听大人的话”之类的想法。

于是妈妈失去了分寸和边界感。孩子的感受不重要，她们似乎看不懂，也拒绝去了解。与此同时，她们自己的要求和指责却铺天盖地。

若是如此，她们的孩子将迎来非常严重的叛逆期。

叛逆期的孩子需要的不是大人的指令，而是支持；父母要学会的不是压制孩子的逆反行为，而是看到并接纳孩子当下的情绪。这才是养育的根本之道，它应该在父母心里高高耸立，并成为其他任何策略和技巧的底层逻辑。

别跟叛逆期的女孩较劲

叛逆期的女儿动辄发脾气，妈妈们叫苦不迭："自从叛逆期来了，孩子什么事都要发脾气，我俩吵起来真是没完没了。"

妈妈看到女儿要出门上学，随口提醒一句："东西都带齐了吗？你没忘什么吧？"女儿定会没好气地说："哪来那么多能忘的东西啊？"

妈妈如果催促女儿："已经练过钢琴了吗？"女儿也会反驳："烦不烦？我自己心里有数。再说练不练跟你有什么关系？"

女儿针尖对麦芒的态度终于逼出了妈妈的怒火，于是妈妈也开始爆发，你一句我一句地彼此伤害，一场争吵便不可避免。

妈妈们不解的是，明明自己的态度并没有变化，孩子为什么突然就不能接受了呢？

其实争吵的根本原因在于，母女间产生了一堵看不见的墙，这是女儿给自己的生活设定的边界。孩子开始走向成人的世界，对是非对错都有了自己的判断，所以很多事情她们想要自己做主了，因此她们的脑海中形成了一种强烈的领地意识："这是我自己的事。妈妈要干涉的话，就是在冒犯我。"

这种领地意识当然也是一种成长，但很多妈妈却看不到或不承认它的存在。她们一如既往地用控制小孩子的方法控制叛逆期的女儿，随意踏入女儿的精神领地，忽视她们的独立意识。那自然就得承受孩子的反抗和报复，争吵不可避免。

不过有一点我们还是要明白，虽然孩子喜怒无常，动不动就要和妈妈发生口角，但她们并不是在全盘否定妈妈的存在，更不是要彻底否定亲子关系。

其实稍微一想就能明白，反抗得再厉害的孩子，妈妈做好了饭她还是会吃，衣服脏了还是要妈妈来洗。

从心底里来说，她依然认可自己是妈妈的孩子，心里那份"我最喜欢的人是妈妈"的感情丝毫不会减少。但同时，她认为自己已经不是一个小孩子了，所以她希望调整与父母的相处模式。

妈妈若能看透问题的本质，就不该兀自悲伤，甚至满腔怒气。

事情总会柳暗花明，经过了叛逆期的女孩往往会回到妈妈身边。说不定她们会比小时候更依恋、亲近和信任妈妈。这一点就和男孩截然不同了，男孩即使度过了叛逆期，大多也会继续和妈妈保持距离。

养育叛逆期的女儿，父母不必草木皆兵，也许放下那些纠结和执念，反而能自在从容地陪伴女儿度过这个特殊的时期。

当然，女儿的冷淡态度和尖刻言语依然是一种强烈的刺激，妈妈处处被顶嘴，时时被挑衅，不得不想方设法来一一应对。这的确是一番辛苦的修行，让人疲惫又烦躁。

每每遇到这样棘手的情况，妈妈们不妨冷静下来，先让自己深呼吸，保持淡定和克制，然后准备好客观理性的措辞。记住这两点，妈妈们就能让女儿恢复平和。

如果看到女儿吃罢饭起身就走，连碗也不帮忙收一下，妈妈千万不要马上生气，甚至居高临下地命令："碗收了再走！"妈妈可以先温柔地叫住孩子："宝贝先别走好吗？"先拿出尊重的态度，这能让孩子心甘情愿地倾听，同时让妈妈也保持平静。

接下来，妈妈可以用平静的语气阐述自己的观点，让孩子知道问题所在。比如："自己的碗筷自己收拾，大家都舒服，对不对？"

既然孩子渴望成熟，妈妈们就该给予她成年人之间的尊重，用平等的态度和客观的描述，来沟通解决问题。“求木之长者，必固其根本”，而这就是尊重的根本。

如果妈妈们只管发泄不满，自顾自歇斯底里地说：“吃完饭是要收拾碗筷的啊！说了多少次了，怎么就是记不住？”那孩子也会自然而然地反击。当初那个事事听话而服从性极强的孩子，早已变成有独立意识的“反抗者”了。

听了我的建议，很多妈妈恐怕不舒服：“跟自家孩子说话，何必这么小心翼翼？”我似乎都能感觉到大家的不服。

她们心中真正的台词是：“父母就是孩子绝对的权威，哪用看孩子脸色？”

沟通中，父母粗暴突破孩子设下的人际边界，孩子也一定会产生应激反应。原本的逆反化作彻底的敌对，短暂的成年预备期被升级为长期心理战。最严重的结果是孩子带着对原生家庭的蔑视，在精神世界里离家出走，一去不回。

相反，好的沟通会让亲子双方彼此尊重和信赖。当孩子没有了叛逆的理由，叛逆期自然偃旗息鼓。但我们要记住，这一切首先取决于父母的态度。

三个原则，端正女孩的品行

叛逆期会重塑女孩的性格与行为，此时的她有各种针对父母的冲动言行，但父母不必惊慌失措。真正需要关注甚至是干预的不是女孩在家的表现，而是她在校园中的不良行为。

曾经一个女孩交来的一篇作文，让我十分愕然。她在文中大言不惭地讲述着自己如何目标明确，精心布局地欺凌另一个同学。

我问她："这篇文章交给学校老师看了吗？老师怎么说？"她淡定地回答："就是说要好好跟同学相处呗。"

类似的案例还不少。有的女孩还会孤立他人、藏匿他人物品等；更有甚者，个别女孩在班级内部将同学划分出不同的等级，大家论资排辈，俨然一个"霸凌团伙"。

女孩进入叛逆期，这些行为便可能抬头。如果父母不管不问，那只会愈演愈烈。有些父母听到这些问题，大都嗤之以鼻："太夸张了！反正我家女儿绝对不会这么讨厌。"面对一个大危机，他们决定就这样置之不理。

但霸凌离我们真的没有想象的那么远。就算在成年人的世界里也存在滥用职权之类的霸凌现象，有些妈妈在妈妈群里也会争强好胜，甚至去欺负性格温和、懦弱的妈妈。

儿童的世界虽幼稚，但不同家庭背景的孩子通过学校这条纽带聚合在一起，冲突在所难免。所以霸凌问题只有程度轻重的差异，从悄悄说别人坏话，到刻意的排斥孤立，再到其他更加恶劣的欺凌行为，都可能发生。

除了环境影响，孩子们自身体内的激素变化也在推波助澜。叛逆期叠加青春期的多愁善感，女孩们即将迎接初潮，整个人都敏感而躁郁。

本书开端已讲过激素分泌会如何影响孩子的心理状态，这部分知识很重要，所以我想再强调一遍。

影响女孩的两种代表性的激素是雌激素和孕激素。特别是前者，会让女孩的身体在青春期发生显著的变化，如胸部发育，形体丰满等。8 岁左右，这两种激素都开始逐步增加。女孩的身体渐渐由儿童过渡到成人状态，初潮来临。

激素的影响远不只生理范畴，还包括了心理状态。成年女性在生理期前往往情绪波动较大，会出现烦躁、生气、哭泣的现象。其实女孩初潮前的症状与此差不多。

激素变化带来的情绪变化会进一步助长女孩的骄纵和任性，引发同伴间的冲突、疏远和欺凌。小学高年级的孩子同时还承受着升学的压力。备考过程中的疲惫和挫败一轮轮袭来，令小小的她们无力招架，恶化着孩子们的校园生活。

烦躁的情绪像火药一样埋在孩子心中，很容易“爆炸”，尤其在集体生活的环境中。为了不让孩子把自己的情绪发泄建立在他人的痛苦之上，父母需要格外小心，给孩子更多的关注和耐心。

那么，如果发现女孩有问题行为，父母该怎么办呢？诀窍就在于教女孩站在他人立场，带着全局观去处理问题。

父母的目标是让女孩自己体会到每句话和每个行为的后果，以及它们带给他人的感受，从而端正自己的行为。有三个方法可以实现这个目标：

- 培养女孩丰富的感知力。
- 在金钱和物质上确定原则，不能任由女孩予取予求。
- 让女孩学会忍耐。

感知力可以成就女孩强大的共情能力，让她能够理解朋友们的处境与情绪，明白自己的言行带给他人的影响。父母让女孩去栽培她自己的植物，或照顾自己的小猫小狗，就是在创造机会，让她充分理解爱和体谅。

确定金钱和物质的原则，拒绝溺爱，是对抗自私与骄纵的秘诀。这个世界是不随个人意志改变的，父母先用道理说服她，用自制力和理性武装她，将来就不至于因过于以自我为中心而吃无谓的苦。

关于学会忍耐，教学场景就更多了——学习特长、分担家务都是好机会。当然，前文说的对金钱和物质的克制也有助于此。

我当然希望父母早早便开始帮助女孩培养这些素养，但从 8 岁开始着手也不算晚。父母需要做的，是让女孩能对朋友进行换位思考，识别并控制住自己的情绪。

我还要提醒妈妈一件重要的事情：己所不欲，勿施于人。妈妈们千万不要在孩子面前说他人坏话，随意抱怨和指责。

“某某的妈妈就会讨好老师，像个哈巴狗似的。也好，人家还真给孩子讨来了高分嘛。”

“爷爷奶奶居然这个时候要来咱家玩，专挑我最忙的时候来添乱，简直是讨人嫌！”

类似的坏话很容易被孩子模仿，听着这些恶言长大的孩子怎能体谅他人？

女孩远比男孩更容易受妈妈影响。妈妈处处当好表率，体谅他人，优雅从容，女儿自然也能耳濡目染。久而久之，她必然会成为一个善良正直的好姑娘。

女儿的人生不是妈妈的副本

孩子承载着父母的希望，这样的想法理所应当，美好而伟大。成年人生儿育女的原动力是传承理想与使命，它让父母对养育的一切艰辛甘之如饴。而相同的性别则更容易令妈妈们产生一种“打开人生副本”的幻觉，总相信女儿能实现自己当初未尽的梦想。

但是，请不要把大人的求而不得和意难平投射给孩子。

因为孩子并不属于父母，她的人生、人格、梦想都独立于父母而存在。爱不是操纵，如果妈妈们以爱之名困住她，甚至勒索她，把孩子视为自己的私有财产，那后果将不堪设想。

我们肯定听说过很多龙生龙、凤生凤的故事，如妈妈是运动员，梦想是走上奥运奖台，后来女儿女承母业还一举夺牌，实现母亲夙愿。这些可以当故事听听，但感动之余千万别深陷其中，萌生出“希望我家娃也能这样啊”的想法。

若将这样的想法强加给孩子，她们稚嫩的肩膀将背负不能承受之重，生活疲惫又憋屈，如同戴着口罩去潜水。最后孩子身心俱疲，出现心理疾病，甚至逃课、偷窥等行为问题。类似的悲剧妈妈们也听过很多了吧。

这种母亲本质上是把女儿当成了工具，随意使用和支配。被当成工具的女儿长大后，内心大多已千疮百孔。

养育下半场的路会通向何方，就由叛逆期这道坎儿决定。无论男孩女孩，叛逆期后的亲子关系是亲还是疏，就看父母如何对待叛逆期了。

如果父母依然我行我素，肆意强迫孩子，剥夺她的自由和自尊，那么孩子的叛逆将无比强烈，且久久不息。

我就从友人处听到过一对母女关于芭蕾梦想的故事。

妈妈曾经梦想成为顶尖芭蕾舞演员，闪耀于世界舞台。但天不遂人愿，因脚踝和膝盖受伤，她不得不放弃芭蕾事业。所幸她还有个女儿，于是她把毕生梦想全部强加给女儿，让小姑娘 3 岁起便开始学习芭蕾。

女儿颇有天赋，进步神速，老师评价极高："这孩子天生柔韧性就好，以后可以考虑出国培养。"妈妈欣慰和骄傲得不得了，对孩子的期望也越来越大。但孩子进入小学后对芭蕾兴致寥寥，开始拒绝去上课，甚至天天因为芭蕾跟妈妈吵架。

高潮终于到来。三年级的一天，女儿心意已决，宣告"我再也不碰芭蕾了"。说罢，便把芭蕾用具塞进垃圾袋，一口气扔了个干净。

妈妈非常生气，但与丈夫和自己母亲商量后，还是渐渐平静下来。这位妈妈的家人是这样劝她的："芭蕾是你的梦想，但不是孩子的。难道你自己心满意足了，孩子就幸福了吗？"

这位妈妈醍醐灌顶，瞬间释然了。然后她勇敢放手，把是否继续学芭蕾的决定权交给了孩子。

孩子的回答当然是"否"。但让妈妈大吃一惊的是，女儿其实也有自己的舞蹈志向："接下来我想学爵士舞。"放弃芭蕾的原因是觉得它"太老土"。

母亲幡然醒悟，从此不再逼迫孩子做任何事情，并把女儿当作平等的对象来沟通，事事商量，时时尊重。亲子关系一路向好，现今女孩已成年，与母亲成了无话不谈、亲密无间的好朋友。

这是一个皆大欢喜的结局，妈妈迷途知返，修正了亲子关系。但世间还有太多母亲，与女儿产生了深深的隔阂。所以希望大家抓住叛逆期这个关键时期，重新审视亲子关系。

学业上更是同理。

有些妈妈没有考上理想的大学，便总想把这个理想强加给女儿："我是没本事，你可一定要考上！"然后丝毫不顾及女儿的想法，把她推进补习班的教室，对考试分数提出一个又一个严苛的要求。

还有一种妈妈在乎的是女儿替她们出人头地，这种出发点就是功利、虚荣的。这比强加梦想更糟糕。

她们常说这样的话："早稻田和庆应以下的大学怎么拿得出手？""某某同学都能考到樱荫中学，你凭什么不行？"

父母的面子成为孩子努力学习的鞭子，这种被迫学习有什么意义？更何谈效率？

学习的目的是成就一个人的独立人格，所以父母要帮助孩子掌握必要的知识，让他得以进入自己梦想的专业领域，而绝不是为了给父母争面子。

父母的使命是助力孩子找到并奔赴自己心中的理想，而不是越俎代庖，帮孩子定一条路，然后推他们出发。

一段良好的亲子关系就像一条自然奔涌的河，承载着孩子的梦。父母需要让孩子乘风破浪，奔向自己畅想的海与远方。

第 3 章

塑造好修养的女孩

保持整洁就是保持理性

一个人有修养，他的言行举止就会合乎社会规范和礼仪标准。修养是孩子成长途中的必修课。

但很多家长却把打造好修养这项育儿任务“抛”给了学校，以为只需要老师教导，孩子就能端庄稳重。这就本末倒置了，孩子的修养更多地应靠家庭培养。

修养包括很多方面，但对女孩来说，有一点是其中的重中之重，那就是收纳与整理的能力。比如物品的分类与摆放应该是符合使用习惯的，每样东西都有自己的位置，使用之后要及时归位。地板要保持大致清洁，至少应该把显眼的头发和大片的垃圾清理干净。

这些事情本就是女性喜欢也擅长做的，但现今却有越来越多的女孩做不到了。我常听到高中女孩的妈妈们不约而同地感叹："女儿真是比儿子还邋遢。"

她们口中的"证据"有：女儿书桌上的杂物堆得密密麻麻，学习时连教科书都没地方放；床上、地面上衣服四处散落，穿没穿过也看不出来；衣橱抽屉一旦打开，就半悬空中，也不记得关上；地上随意扔着杂志、零食袋子、饮料瓶子……

这种混乱不堪得如同遭了贼一样的房间，居然是花季女孩的闺房，着实让人唏嘘。

日本有人戏称这些"居于乱室而无动于衷"的姑娘为"污居人"。言归正传，这种现象确实日益严重，绝不是个例了，亟须父母们警惕。

女孩的房间怎么会这么脏乱差？原因很简单——妈妈们就没有把收纳与整理教到位。很遗憾，这确实是大人的责任。

有妈妈可能质疑："我成天都在叫她收拾啊。怎么能怪我？！"

这一点不假。"好好收拾一下！"是妈妈们的日常抱怨之一。然而，唠叨过后，妈妈却没把收纳整理真正的原则和方法教给女儿，所以她也就充耳不闻了。"充耳"的是笼统的指令，"不闻"的是具体的操作。

万事要找到方法才能事半功倍。这就像拉小提琴，持弓、运弓是有讲究的，不懂技术就奏不出精准美妙的乐音。收纳整理也要选对门路，懂得基本的原则和技巧。孩子猝不及防地听到一声命令“收拾去！”，她只会感觉不知所措。就算勉为其难地开始整理，她也会不断地给自己差不多就行了的心理暗示，最后逐渐变成一个彻头彻尾的“污居人”。

最让人费解的是，有的妈妈嘴上命令孩子收拾房间，但自己对此的态度却是凑合。客厅和厨房一片混乱，杂物随意乱放；餐桌上满是杂志、传单，甚至有的物件都不知道是什么。它们堂而皇之地占据着家里的空间，使得家人们吃饭都要另辟空间。这种家庭就别再期待孩子能收拾干净自己的房间了。

孩子们长期在混乱肮脏的家里生活，审美能力和生活习惯早已被环境影响，又怎么懂得“干净的房间让灵魂都有香气”的意思呢?

女儿们成家后，如果丈夫碰巧擅长收纳还好，否则两人的生活肯定一地鸡毛，充斥着无奈和厌烦。

可能还会被责怪：“你父母到底是怎么管教你的啊？”这种责怪通常是在抱怨妈妈没尽到教导责任。

不过我希望妈妈们教会女孩收纳整理，却不仅仅是为了生活的便利和舒适，这里面还有个更为重要的原因。

女孩有能力保持房间的整洁，意味着她有强大的感知力和聪明的头脑。

这又何以见得?

正如前文强调的，感知力可以让女孩敏捷地意识到外界信息，快速做出判断，并适时给出精准的反馈。它是女孩最重要的天赋，但一个乱哄哄的房间会逐渐消磨它的灵敏度，啃噬它的力量。就像当我们在污浊的空气中生活久了，对臭味的反应就迟钝了一样。周遭环境持续地混乱、肮脏，女孩便会慢慢习惯。从此她不再对美有所感知，不再轻易好奇或感动，人生变得肤浅无趣，感觉不到高级的香味，体会不到有深度的幸福。

此外，学习时大脑对各个知识点的建构，与现实生活中我们对实际物品的整理可谓异曲同工。孩子平时能随意地放置物品，学习时就可能胡乱地识记知识。脑海中的知识点被填鸭般地塞得满满当当，真到用时却眉毛胡子一把抓，整理不出头绪。

我们都见过孩子试图从满满当当却凌乱不堪的玩具箱里，翻找出一个娃娃来的场景吧？孩子似乎越翻越乱，越努力越无能。如果他的大脑也跟这个箱子似的被塞得满满当当又混乱不堪，那学习将无比艰难。

现实中会收纳整理的孩子必定有着极强的系统化思考能力，在抽象世界里也一样井然有序、不慌不忙。备考时更是对目标理解得清清楚楚，分得清优先级，定得好计划，执行起来从容又高效。

我们要的并不只是干净舒服的地面，或宽敞的生活空间；而是要让孩子把物理世界里的思维模式带入精神世界，在我们看不见的地方依然有条不紊、整洁舒适。

引导女孩学会收纳整理

前面一节我们探讨了为什么要教会孩子收纳和整理，下面我们来了解具体的引导和教学方法。

讨论之前，我有个问题想先问问读者们。看到女儿房间太乱，你会怎么提醒她呢？

妈妈们常说的台词可能是：

“看看你的床，还有地板，东西太多了。吸尘器都转不开，赶紧收收！”

“你那书桌乱得不成样子了，哪儿还能学习啊？”

“有看电视的工夫，不如去把房间归整一下！”

其实，如果只是这样催促，无论花多少年，孩子的房间都不会变整洁。这些催促只是妈妈希望得到的结果。但是，有因才有果，因果不能倒置。在收纳整理的教育上，妈妈的引导和示范就是“因”，孩子的跟随和实操才是“果”。把房间搞得乱七八糟的孩子，多半是因为不懂收纳整理的基本原则。所以，妈妈就必须耐心示范，从零教起。

其实这些收纳整理的规矩和方法，孩子应该从幼儿时期就开始学习。首先可以从孩子最熟悉的地方，即玩耍后的房间入手。具体地讲，最先该被分类整理的就是孩子的日常玩具。

第一步是把不要的玩具清理出来，决定是转赠他人，还是直接丢弃。

第二步是管理需要的玩具，根据它们的种类、尺寸、形状等特点建立分类标准。这里不需要像科研一样严谨（所谓过犹不及，太精确或苛刻反而让孩子生畏），粗略地根据大小和形状分类就好。但这个操作的本质是在混乱的物品中找到彼此的相似点，并在知识系统中给它们定位。这当然也是一种重要的逻辑归纳能力，能为将来的数学学习打下坚实的思维基础。

第三步是一一规定每类玩具的位置。女孩的玩具常常小而多，她们喜欢把七零八碎的玩具塞进一个箱子。但分类摆放很重要，我们要鼓励孩子别怕麻烦，一定要按步骤分类归纳。

最后就是保持这个分类标准，及物品相应的存放地点。教育家蒙台梭利博士说过："幼儿具有保持秩序的天性。"稳定的秩序让孩子们获得安全感。他们一旦形成习惯，自己都会主动将玩后的东西归位。

不过，孩子的注意力容易被分散，当她们想去别处玩时很容易就会随意扔下手里的东西。这恰恰就是纠偏的好机会，妈妈要及时叫回她，提醒她收拾妥当才能走。而且妈妈要留在孩子身边，全程陪伴，认真观察。直至确定她完成任务，再加上赞美：“东西全部归位了，宝贝真是太厉害了！”

我们不能笼统地说一句“继续收啊”就走开，然后任由孩子发挥，孩子会觉得“反正妈妈也看不到，做做样子就行”。如果收纳训练反而让她养成糊弄的坏习惯，那就得不偿失了。

进入小学后，收纳的基本分类和定位原则依然不变。只是有一个新原则我们要提醒，**学习用品和玩具一定要分开存放**。

另外还有一个理念也非常实用：“东西越常用，就越要放在顺手的地方，反之亦然。”

掌握了基本的原则和方法，孩子就能自主整理。即使东西越来越多，她也知道如何归类，去哪儿找空间收纳，一切行动逻辑清晰明了。哪怕偶尔混乱一下，她也有能力把物品迅速归位。

此外，我们可以时常创造机会，让孩子得到榜样的激励和启发。朋友整洁清爽的房间，各种像样板房一样的儿童房，都会让孩子由衷地感慨：“太棒了，真好看！”回到自己家里，她自然也能动力满满，想亲手整理一番。妈妈的百般唠叨也比不过孩子发自内心的“我也要这种漂亮的房间”。

当然，我们不能忘了育儿最重要的原则是父母的亲身示范。当她有一个干净整洁、窗明几净的家时，美的意识就会在心里暗自生长，默默滋养她。

给女孩正确的礼仪观

在日本，乘坐公共交通工具的礼仪规范要求人们不在车厢内化妆，但最近在车内大肆涂脂抹粉的女性可并不少见。她们旁若无人地在公共场合梳妆打扮，不禁令人感叹日本女性的内敛与矜持都去哪儿了？

一个人在公众场合的言行体现着她的修养与家教。很多行为让自己舒服，却让别人不堪其扰。只要没认识的人看见，她们在外喝完水，随手扔下瓶子，便潇洒离去，乱扔垃圾更是“理所当然”，丝毫不见脸红。

商场和地铁的卫生间里，卫生纸被胡乱扯掉，扔在水池里。头发散落在洗手台上，她们也视若无睹。日本的公共礼仪讲究“尊重下一位使用它的人”，我们在离开前要想象一下，自己的行为会给接下来的人带来怎样的感觉。而这些没有公共道德的人显然缺乏这种想象力，甚至不愿意想。

离家外出，又无他人监督时，她们的修养近乎没有，其父母的确需要为其负责。

公共空间的礼仪指哪些？我们具体要遵守哪些规则？孩子要

想掌握这些本领，应该向谁学习？答案不言自明：父母是孩子最好的教科书和陪练员，要以身作则、亲身示范。

妈妈带孩子使用公共卫生间时，如果发现头发落在洗手台上或洗手池中，可以用纸巾包裹后再丢弃。在离开前，妈妈还应将台面的水迹擦拭干净。

看着妈妈每次都细心维护卫生间的整洁，孩子也会不自觉地模仿。她会发自内心地认为，无论家里家外，自己都要正确使用物品或空间且尽到维护责任。有如此原则，她当然就不可能违背道德规范，做出乱扔垃圾之类的行为了。

其实在家里也有不少公共空间，如客厅、餐厅、厕所、浴室等。儿童房是孩子的专属房间，姑且算作私人空间；其他需要大家分享的功能性房间，自然就是家里的“公众场合”了。孩子在家能遵守规则，维护好共同的空间，出门在外才能形成习惯，也不让他人难堪或不快。

以后孩子可能会和朋友合住，理想的情况当然是大家都注意公共空间的使用方法。谁都不乱扔垃圾，每个人都及时打扫和归位，相互尊重，互不添乱。

独立生活之前，孩子在原生家庭里度过的漫长岁月就是最好的“实习期”。爸爸妈妈与兄弟姐妹都是在同一个屋檐下生活的人，学习与家人共同生活，就是学习与他人共同生活。

在家里进行“礼仪实习”，最大的阻力也来自家人。毕竟父母都是宠爱孩子的，不知不觉间便代劳了很多事。妈妈看到女儿在客厅里乱扔垃圾，或用完洗手池懒得收拾头发，一边感叹“真是没办法”一边默默打理。但这种习惯一旦定型，孩子必定产生惰性。她以后在外便会无所顾忌。于是孩子的修养便在父母的纵容下逐步瓦解，直至被摧毁。

即使在自己家里，父母也要树立正确的礼仪观。让孩子懂得无论跟谁同住，都应该互相体谅和照顾，守护共同的规则，尊重彼此的边界。

把这些规则具象化，至少可列出以下 5 点。我在同系列的另一本拙作《10 岁，男孩关键期》里也有论述。因为它们本就不分男女，需要所有人一起遵守：

- 不把学习用具和个人物品随意散放在客厅。
- 保持餐桌的干净整洁。
- 饭后帮忙收拾餐具，放入洗碗池。
- 洗完澡或脸，及时将瓶瓶罐罐归位，收拾干净自己的头发。
- 发现卫生间不干净，就随时主动打扫。

总之，我们为维护公共空间做的一切都有一个黄金标准：要让下一个使用它的人感到舒心。其实这也是起码的道德要求。

家庭成员都养成这些健康且可持续的习惯，家人之间便更能和睦地相处。妈妈们也无须再一边唉声叹气，一边给女儿收拾垃圾和头发了。女儿外出时，自然也懂规矩、识大体，不至于连公共洗手间都用不好。

做饭也是人生的必修课

让孩子有修养是为了让其在走入社会时举止规范，礼仪周全。修养好的孩子在新环境中能减少摩擦和阻力，适应得更快。但在我心中，修养的意义还不止于此。良好的修养让孩子日后可以独立，一个人也能活得舒适、精彩。

待到孩子独立的那一天，她能有合格的生活技能和足够的知识储备，这样才算是完成了合格的童年教育，才算将修养“装备”到了人格中。

除了前文提及的收纳整理，其实还有一项技能也对独立生活有巨大的意义，就是做饭。

网络上有很多年轻的烹饪达人，料理水平令人赞叹，看他们的美食图片都是一种享受。不过也有很多年轻人十指不沾阳春水。女性中，这种两极分化尤为显著。

很多全职妈妈学会了“聪明”地偷懒，连做饭这件事都可以假手于人。孩子参加集体远足等活动时，完全可以用便利店的盒饭打发了事，或者干脆叫个外卖送到学校门口去。有些家庭，甚至连菜刀菜板都舍弃了。

餐饮业的发达和便利的确今非昔比。到了该做饭的时候，各种预制菜、外带盒饭等商品琳琅满目。做饭似乎已不是当代人必备的生存技能了。但我还是固执地认为做饭是人生的必修课，因为在一阵阵烟火气中，我们成就的是自身的生命力。

结束了一天的“披荆斩棘”，我们在下班途中捎点新鲜蔬菜，回家后简单料理一下，那些娇嫩的菜叶与鲜活的口感在口腔中绽放出力量，此时的我们一口一口吃下去的不是简单的氨基酸与维生素，而是抵御疲惫、抗击寂寞的生命能量。

做饭可以缓解失落、焦虑、压力、疲惫。东方人讲究医食同源，一个能用食物疗愈自己的女性，在面对来自社会方方面面的压力时，一定更加坚韧不拔、张弛有度。

我也不完全否定外卖、预制菜或便当等新时代产品，它们为解放女性生产力做出巨大贡献。很多时候，在餐厅里享受浪漫氛围确实让人愉悦，时间紧时吃一盒便当也确实给人方便。但因此便过分地依赖外卖、餐厅和超市就十分危险了。

教孩子做饭的好处还有很多，比如能进一步促进她的感知力，更能培养她同时处理多项任务的能力。想想看，做饭不也是个协调各种工序，优化时间分配的过程吗？炖煮时可以切菜，或者烤条鱼，前后配合，衔接流畅。女孩在日常生活中练就的高效习惯与多任务处理的思维方式，在学习中也能助她一臂之力，未来在职场上还能帮她夺得先机，让她处变不惊、左右逢源。

做饭也是个实现目标和收获成就感的过程，只需取悦自己，没有压力和负担。做饭需要一定的时间，但最后一定能看到成果。不需要他人的赞同，自己满意就是满分，再小的成就也值得欢庆和铭记。随着孩子感受和累积这种达到目标的欢欣雀跃，她的自信心也越来越强。这么看来，做饭真是一石多鸟的教育手法，大胆带孩子走入烹饪的奇妙世界吧。

孩子们可以从简单的操作入手，帮扁豆拨筋、给番茄去蒂等，都是安全又有趣的厨房劳动。我们也可以让孩子把肉饼压圆，甚至包个不那么好看的饺子。

这里需要妈妈们忍耐的是，孩子可能动作慢、不规范，整个做饭的时间都要被延长，而且厨房的水槽和台面会被搞得乱七八糟。但想想将来孩子的自立与自足，这一切都是值得的。

等孩子们适应了基本的操作后，也可让她们去尝试切菜和炒菜。如果能准备一把小朋友也能使用的小菜刀就锦上添花了。

有妈妈担心：“刀和火对孩子太危险了，怎么能让孩子碰？”但这种担心其实有点本末倒置，正因为刀和火危险，所以才需要成年人的指导与保护，让孩子从小得以一点点地了解、学习，直至掌握。

孩子从小能在妈妈身边参与食材从菜篮到餐桌的“变身”过程，能动手帮助妈妈做出一道道可口的暖心饭菜。那么将来，她自己进入社会需要照顾自己时，一定不会为做饭发愁。

希望孩子们将来都有能力过得自在从容，不负年华。愿妈妈们都拥有和孩子一起在厨房与柴米油盐共舞的温暖回忆。

女孩尤其要戒骄戒躁

日本的出生率近年在持续下降，且日益严重。政府出台了诸多鼓励生育的政策，以期刺激生育。但 2018 年的出生率依然低至 1.42%，独生子女的人数也在逐渐增加。

孩子越来越少，随之而来的便是父母对培养好家教的忽视。过去，每个家庭都有好几个孩子，一大家子在同一个屋檐下生活，孩子们在耳濡目染和反复试错下养成正确的习惯和礼仪。

有些规则是不言自明的，如哥哥姐姐在学习时，我们要降低电视音量；点心数量有限时，年龄大的要让小的（有的家庭是反过来的）。日常的家庭生活本身就蕴含了很多机会和场景，让孩子自然而然地学会协调与忍耐，掌握生活所必需的礼仪、知识、规则。

出生率的走低让每个家庭的孩子数量变少，于是孩子越来越“尊贵”。往昔兄弟姐妹间互相促进和示范的情境逐渐消失，独生子女家庭更是把全部的资源与爱倾注给了一个孩子。孩子似乎什么都不用做，也不必学会谦让，便能心安理得地得到关注和接纳。

我们担心孩子失去上进心，然而平稳的生活却在侵蚀他们的上进心。

孩子成了“小公主”“小王子”，父母对他们极度宠爱，有求必应。然而，这样极端的宠溺，却容易让男孩失去自主意识，让女孩变得骄纵任性。

父母怎么做，才能避免溺爱呢？

让孩子学会必要的忍耐和克制是避免她走向极端骄纵的唯一秘诀，这是我建议父母谨记的一点。

那么试想这样一个问题。有一天，女儿羡慕朋友的漂亮鞋子，那上面有可爱的卡通形象。她也央求你买双一模一样的。

孩子可怜巴巴地恳求：“这双鞋大家都有了，某某还想跟我一起穿。如果就我一个人没有，他们就不跟我玩了。妈妈给我买嘛，买嘛……”你可不能充耳不闻。

那么，妈妈是不是就该买了呢？

有的妈妈毫不犹豫：“当然要买！孩子想要，为什么不能买？”

有的妈妈半推半就：“这双鞋是有点贵，但大家都有的话，也不能不买啊。”

有的妈妈无可奈何：“万一真因为一双鞋就被孤立，那也太可怜了。”

再三犹豫后，很多妈妈最后还是只能选择妥协，选择买鞋。大家还是不如自己期待的那样有原则有立场。

不过，如果有读者妈妈也如此选择，那就要小心了。因为孩子今后变得骄纵蛮横的概率，会难以置信地高！女儿尝到了甜头，从此掌握了父母的心态，开始步步为营。万事都要由着她的性子来，变得蛮横骄纵。

其他家庭成员也要注意这一点。妈妈虽能坚持原则，但爸爸却唱反调，或爷爷奶奶没有原则，结果也是殊途同归。

还有一种情况是，妈妈面对无理要求可以坚定回绝：“开什么玩笑！绝对不可能买。”但在另外那些看上去无伤大雅的事情上就犹豫了。比如在超市里，孩子央求她买一包零食，妈妈的心便也像融化的奶糖般“柔软”了：“几块钱而已，孩子想吃就买呗。”

事情的本质并不因程度的轻重而改变。几块钱的零食背后，也反映了孩子“我缠着要，大人就得给”的心态。这种轻度“勒索”对孩子的心态，以及她将来的性格发展影响重大。她会在妈妈的纵容下，朝着独断蛮横发展。

孩子一旦对物质产生“只要我想，便能得到”的惯性思维，把无理取闹当作理所当然，把无限索取当作日常习惯，那么她也一定学不会珍惜和感恩。

对她来说，一件物品，入手越容易，放弃越随意。反正“玩坏了，再买就是”。

天下父母爱孩子，希望她事事称心如意。但父母之爱子，则为之计长远。请大家一起反思并铭记，父母用物质的溺爱让孩子随心所欲，模糊她的分寸感，摧毁她的自制力。这不是爱，更不是为她好。

让我们回到刚才买鞋的故事中去。如果妈妈加上一个条件，再给孩子买，情况会不会好得多呢？比如：

“下次考试你如果考了一百分，咱们就买。”

“学校开运动会时，你要是跑步跑了第一名，咱们就买。”

“可以买，但是你要答应每天帮我们做家务，可以吗？”

父母无须立即答应，让孩子付出一定的努力来满足自己的欲望。“一分耕耘才有一分收获”的道理多少也能抑制她的贪婪任性。但我依然不甚赞同用这种讲条件式的方法来约束她或激励她。

学习和运动本就是为了帮助她自己成长，练就可以令她一生受益的重要能力，这怎能沦为一种痛苦的代价，或一种为了获得物质奖励的忍耐呢？看看海洋公园里为观众表演杂技的海狮们，它们才在用疼痛、疲惫交换一次次的奖励。对于这些动物来说，一分钱一分货，没有奖励也就懒得努力和忍耐。但这是训练动物，不是养育孩子。

孩子作为家庭的一员，承担一定的家务本也是她的义务。我们生生地让她为了报酬才去做自己分内的事情，是本末倒置了。

那么到底怎么做才恰当呢？

我的建议是设置一个时间期限。大人可以告诉孩子，这件东西可以买，但要等到圣诞节或生日时，以礼物的形式送给她。

妈妈可能会担心："在买给她之前，万一孩子被孤立了怎么办？"

这种妥协和迎合的想法才是真的危险，才会让孩子一步步被欺侮。如果一个群体，会因为一双鞋就孤立一个孩子，那我们无法融入才是正确的。把心力和时间浪费在这种无聊而肤浅的小团体上，反而耽误了孩子去结识正直真诚的朋友。

一件东西，当孩子为它付出了时间的代价，用诚挚的期盼得到了它时，它才价值连城，让人倍加珍爱。这个过程是在培育一颗心，一颗学会等待和呵护的心。

如果父母平时规律性地给孩子零花钱，也不妨让她自己学会积蓄，然后自费购买这双鞋。

当然，不买也是一个正确的选择。孩子的要求原本就有对错之分，并不该一味地满足。不买并不意味着伤害她、否定她，而是让她明白“之前你对这种玩具从不珍惜，一玩就腻”“它的价格已经高到家庭负担不起了”以及“我们并不需要它”。只要摆事实讲道理，孩子也会听从父母的意见。

孩子当下可能会失望，但她会渐渐懂得这个世界有它的原则，自己不是世界的中心，不能得到一切。她自然会收敛自己的锋芒。

没有得到满足的孩子看上去可怜，却能收获未来的清醒和理智。希望父母能守住底线，坚持原则。

妈妈们要记住：不要用溺爱宠坏女孩，金钱和物质可能是裹着糖衣的“毒药”。

体谅他人是一种不教就不会的能力

不想让女孩变得任性骄纵，父母还需要培养她站在他人立场上感受和思考的能力。

常让女儿设想一下，自己的言行会带给他人怎样的感受？如果自己听见同样的话，经历同样的事，会有怎样的感想？

一个能设身处地捕捉他人感受、理解他人情绪的人，是不会任由自己放纵，甚至伤害他人的。一个会霸凌弱者的人，大多欠缺了这种换位思考的想象力与理解力。

在孩子幼儿时期，我们常处理这样的纠纷：如何解决孩子们争夺一件玩具的问题。有时其中一方已经对玩具失去兴趣了，但如果大人想让她与别人分享，她也会毫不犹豫地拒绝，最后两手空空的那个孩子号啕大哭，心有不服。

面对孩子只考虑自己，全然不顾他人的情况，妈妈可以问："你看，妹妹 / 姐姐现在特别想玩这件玩具。如果现在是你看到一个玩具明明已经没人玩了，但别人硬是不让，你会有什么感觉？"

小学生之间也会发生矛盾，女孩一时怒急，可能会用粗俗的语言伤害自己的好友。妈妈若发现，也不妨问问孩子："如果今天是她这么说你，你会是什么感受？"

体谅他人并不是人类天生就有的能力，必须刻意练习。妈妈需要时时抓住机会提醒孩子。良好的共情能力离不开生活中的一次次练习和反省。与此同时，妈妈也别忘了以身作则。否则，孩子很难心悦诚服。

设想一个场景。爸爸连续熬夜加班，身心俱疲，但孩子还在苦苦哀求："爸爸带我出去玩嘛！"妈妈可以温柔但坚定地劝阻：

“爸爸这段时间非常辛苦，想想看，如果你特别困的时候，妈妈还非叫你去学习，你肯定也很难受，对不对？今天，我们就让爸爸好好休息吧。”

但如果妈妈不考虑爸爸的疲惫，反而一味挖苦：“你平时完全不着家，好不容易有个机会，就该带孩子玩啊！”女儿看到这一幕，自然会觉得自己的需求能凌驾于他人的感受之上。

体谅他人，站在他人立场看问题，是提升沟通水平的基础。这种能力是孩子们走向社会必不可少的能力。她们将来会沟通，才能在职场中立足，才能跟同事们保持良好的关系。

不要等到孩子长大成人才后悔莫及，学会体谅，越早越好。

第 4 章

提高女孩成绩有诀窍

在聊天中培养女孩的表达能力

如果提问，女孩最擅长的学科是什么？大家多半会回答：“语文！”女孩似乎不用下太多苦功夫，就能在语文考试中拿到高分。

我们观察一下女孩平时的表现，就能发现其中原因。答案其实就藏在日常的聊天中。

很多人都感觉女孩的表达能力要强于男孩，她们两三岁时就已经能像模像样地跟妈妈或小朋友聊天了。那伶牙俐齿，让人不禁感叹女孩的语言天赋。

聊天这件事微不足道，似乎自然接话就可以。但其实很有玄机，接话的时机和方式都有讲究。这都需要敏锐的感知力和快捷的反应力，背后支撑着整个对话过程的是超高的会话技术。正因为女孩天天都在不自觉地打磨这项技术，所以她们才能看上去毫不费力地学好语文。

女孩们叽叽喳喳，聊起来没完没了，并不是大问题。父母反而可以多和女儿聊天，在实践中进一步提高她的语文素养。

但如果父母想让女儿更进一步，就需要格外注意两点。一是尝试着训练孩子把句子讲完整；二是训练孩子多用助词、连词，将各个短句连接起来。

我们来看一场关于晚餐食物的对话：

“宝贝，晚上想吃什么呀？”

“煎肉饼呗！”

“还有呢？”

“土豆沙拉吧。”

语句虽短，但也不能说其中有什么错。

日常对话不用讲究文采和典故，意思表达到位也就实现目标了。日语里有个说法专门用来形容中年男人的沉默寡言，叫作“三词大叔”，意为“吃饭”“洗澡”“睡觉”三个单词就够他们表达所有意愿了。妈妈们可不希望自己的女儿也变成“三词少女”。因此，妈妈们需要做的是把句子拉长，将句子结构说完整，且加入正确的助词、连词，令句子间的关系清楚明白，令表达生动有趣。

按照上文的方法，上例对话中的妈妈就可以这么说：

“妈妈不知道今晚安排什么菜才好，宝贝能跟我聊聊想吃什么吗？”

这位妈妈还可以说：

“煎肉饼真是个好主意！最近没怎么吃这道菜，而且今天我刚好买了肉馅，所以不用再专门买了。另外，营养要均衡，维生素和纤维也不能少，那咱们再加个什么蔬菜好呢？”

这种对话中，妈妈的回答相对复杂，但当妈妈习惯用完整的句子和流畅的逻辑说话时，孩子就会在不经意间模仿。她不再用“煎肉饼呗”这种简单回答来敷衍，而会选择用同样完整的长句来回应：“放学回来路上我就想吃煎肉饼了。不是日式的哦！我想要的是西式的，配上黏稠的热浇汁，简直像西餐厅会做的那种煎肉饼！”孩子能这么表达的话，妈妈的示范就成功了。

如果父母想询问孩子在学校的情况，也尽量不要用“那个转校生怎么样了”这样的短句，而可以这样说：“这学期好像有一个从大阪转学过来的新同学吧？初来东京生活，不知道他适应得怎么样了。你们平时会一起玩吗？”

妈妈刻意用长句，孩子的表达能力也一定能在潜移默化中得到提升。

等到女儿接话时，即使她岔开了话题，妈妈也无须急于纠正，认真倾听，让她说完就好。

探讨情绪类问题时，妈妈也不要让孩子用简单的一两个字的形容词，比如“开心”“爽”“难过”等来描述自己的感受。妈妈处处引导和示范，一定能让孩子在不知不觉中养成用长句、完整句来沟通的习惯。

当孩子能用漂亮的句子描述情绪，或其他抽象事物时，她的写作水平就会发生质的变化。

现在的孩子非常喜欢使用短句，日常聊天会使用，线上聊天也会使用。有时，她们还会使用缩略词。这些短句虽快捷高效，但对语言能力和语文成绩的提升，毫无意义。

妈妈与孩子交流时，请注意使用长句。通过不断强化，将说长句的习惯自然而然地刻进孩子的语言中枢里。

用心算打开女孩的数学之门

女孩擅长语文，但对数学，却常常望而却步。几行公式、几条定理，似乎就能难倒她们。

小学伊始，孩子们要学加减法；二年级时要学习九九乘法口诀表。这样的难度大都还能接受。但从乘除法开始，女孩就有些吃力。再出现复杂的多项计算或几何问题时，一些女孩似乎就束手无策了。

学不好数学的孩子，大抵有以下两个原因。

第一，没打好计算的基础，看到数字便产生恐惧。她们只要看到排列的数字，就放弃了做题。

第二，缺乏逻辑分析的能力。计算和数学推导其实都要建立在严密的逻辑分析之上，但女性更倾向于使用情感和直觉去感知事物，所以不擅长计算和推导。

怎样才能克服这种恐惧心理呢？

首先，要攻克数字恐惧的难题。最好的办法就是进行心算训练，即让孩子脱离纸笔，在脑海中进行数字的加减乘除。心算训练能把数字“装进”孩子的头脑，消解孩子对数字的排斥感。坚持下去，为以后攻克计算问题做准备。

心算训练并不要求孩子必须端坐在书桌前，它可以在生活中随时随地地进行。

母女俩去超市时，妈妈就可以出题让孩子计算：“土豆一盒要 198 日元，再买一棵 150 日元的白菜，一共要多少钱呢？”

孩子算出“一共要 348 日元”后，妈妈可以继续发问，这次可以练习减法：“那我给收银员一枚 500 日元的硬币，该找多少零钱？”

妈妈还可以利用买零食的机会，让孩子练习一下混合加减法。“今天咱们破个例，买点零食吃吧。假如预算是 100 日元，买巧克力花了 30 日元，买口香糖花了 20 日元，那么还剩 50 日元，再买点什么好呢？”

可以训练基本算术的场景还有很多，比如想练习除法时父母可以问：“今天我们做了 20 个饺子，家里有 3 个人要吃，每人能分到几个呢？”开车出门时，也可以展开联想：“前面车的车牌上所有数字加起来等于多少？”父母在生活中处处用心，将数学计算变成游戏，那么对孩子而言，计算也就变得不那么可怕了。

随着训练的深入，孩子会在日常生活中养成处处计算的习惯。她们的计算能力也会不断提高，连两位数的乘法对她们来说都是小菜一碟了。

其实两位数乘两位数也是有窍门的，试着心算一下 16×17 吧。

这里有很多方法能够进行巧算，最简单的思路是把乘数，比如本题中的 17 进行拆分，把它变成 10 和 7。然后分别计算 16×10 和 16×7，最后将两个积 160 和 112 加起来，就能得到答案 272 了。如果选择把 16 拆成 10 和 6，那么问题还能再简单一点：17×10 和 17×6 分别等于 170 和 102，相加即得 272。

大家能跟上这个思路吗？

我创作了一个“骰子计算法”，来帮助学生们进行巧算，班上孩子早就知道 17×6=102 了。有了这些烂熟于胸的固定记忆，他们就能掌握难度更高的心算。

咱们来挑战这个算式：12×14×17。大家可能很吃惊：“什么？这也可以心算？”但其实只要将这几个乘数进行合理拆分，答案就呼之欲出了：12×14×17=6×2×14×17=28×102，进一步将 102 拆分成 100 和 2，于是便有了 2800+56=2856。综上可知，只要孩子掌握了 17×6 的答案和拆分技巧，这个算式当然是可以心算的。

孩子进行了大量的心算训练后，会养成强大的实操能力，以后遇到再复杂的算式也能找到解决办法，轻车熟路。

这种“拆算”的思路不仅有助于计算，也是一种高效的思维模式。遇到他人提出的刁钻问题时，孩子就能抽丝剥茧，找到突破口，搭好逻辑框架，逐步推导，从而应对自如。心算的训练可谓百利而无一害。

其次，缺乏逻辑思考能力是让孩子厌恶数学的另一大原因，因此，父母要培养孩子的逻辑思考能力。

逻辑是什么？如果用稍显拗口的说法来解释，它是指人们在充足的论据基础上，精确地阐述或论证某个结论的过程。有逻辑的人一旦提出论点，都会提供证据来支持自己。

比如如果父母想要告诉孩子不可以在路上随意丢弃饮料瓶

子，就可以这样解释：

“如果有瓶子在人行道上，会妨碍行人，甚至有人可能会被它绊倒。”

“四处乱滚的瓶子很不文明，有碍于城市美观。”

“瓶子是一种可以回收再生的资源，不应该随意丢弃。”

父母先给出理由，证明乱丢瓶子的坏处，再说出结论，就实现了一场有逻辑的沟通，让人信服。但如果父母只说“乱丢瓶子不文明，很不对”，却不解释为何不文明，那父母说的话就只是一种感性表达。女孩的思考往往倾向于这种方式。

要帮助孩子形成逻辑思考的习惯，父母就要在生活中多问问她为什么，特别是当孩子有自己的意见时，更要询问这背后的原因。

有的孩子讨厌吃芹菜，吃饭时会特意将芹菜挑出来，留在盘子里。父母不要听到孩子说一声“我不喜欢芹菜”就算了，这时候大可问她为什么不喜欢。父母要的不是“反正就是不喜欢”，而是一个对结论有支撑力的证据，比如“它的味道很苦，吃起来不舒服”。孩子为自己的意见找到清晰明确的理由时，她的逻辑思维便开始生根发芽了。

其实孩子的意见各种各样，有时候是“今天不想穿这件衣服了”，有时候又会变成“不想跟那个小朋友玩了”。父母要注意观察，抓住机会，每次听到她有什么新想法时，都问一句“为什么”。这样孩子也能逐渐意识到，原来自己那些主意和打算都是有原因的。她也会养成对自己刨根问底的习惯，比如自问“我为什么这么讨厌这个东西 / 这件事 / 这个人？”

在此我又要老生常谈，父母要做好表率，自己要记得凡事都须给出理由，哪怕是指点甚至教训孩子时，也要说清楚她到底闯了什么祸，为什么斥责她。

父母要克制自己单刀直入式的沟通方式。不要说“别把你的文具放餐桌上就不管了”，而要说“餐桌上都是文具的话，饭做好了都不能摆上桌，而且也不卫生，该不该收一下啊”；不要说“睡前必须刷牙”，而要说“不好好刷牙会长蛀牙的，不仅你自己会牙疼，我们还要费时费力地去看牙医”，或“牙齿是要用一辈子的，为了将来不会满口烂牙，我们现在一定要好好保护它”。

父母帮助孩子培养逻辑思维，提高逻辑思考能力，可以帮助她擅长数学世界里的推导和演算，从而在学习中顺风顺水、游刃有余。而且，一个有逻辑、讲道理的孩子也肯定不会胡搅蛮缠、无理取闹。

自律的女孩更聪明

修养和学习之间有什么关系吗？我猜大多数父母看到这个问题都不以为然，认为两者之间并无关联。有些父母将两者区分开来：生活中与言谈举止相关的规矩是修养，书桌前埋头苦读才是学习。修养不过是为了让孩子进入社会后有羞耻心，学习是为了让孩子获得知识和能力，进而过得舒适。很多家庭看重的是“书中自有黄金屋”，要的是让孩子金榜题名或进入名企，从而实现阶层跃迁、光耀门楣。修养和学习各有价值和目标。

但两者之间并非毫无关联。房间干净整洁，礼仪恰当周全，举止得体从容的孩子同时也更有可能成为学习高手。

这个道理反之亦然，但凡孩子聪明上进，肯定就会把自己的房间收拾得干干净净，与人交往妥妥当当。总之修养和学习是相辅相成的事情，在我多年的教育行业经历中，太多孩子用实例帮助我印证和强化了这个感受。

既然修养和学习是一体两面的关系，那两者就必有某种至关重要的共同点。我的观察是，修养和成绩双优的孩子大都有一个重要的特质，即强大的自律能力。孩子需要能自我管理、自我约束、自我鞭笞、自我复盘。

回到家不整理脱下的鞋子就进屋，当然省心又省力。吃完饭不收拾用过的碗筷，反正妈妈肯定会收拾。自己房间一片混乱也无所谓，妈妈看不下去了自然会帮忙打扫。

而有的孩子却不会这样，她们选择耐心码齐鞋子，把自己碗筷放入洗碗池，并保持房间整洁，这是为什么？因为自律，因为心中有个声音提醒着她：“这就是我的事情，我必须做到。”“我想努力做得更好。”

这样的孩子在学习上也同样会精益求精，不断钻研。即便有的人认为只要懂点简单的知识就能生活，但仍然有一些女孩会苦读思考、练习积累，不断获取知识，开阔眼界。之所以这样做，正是因为她们有强大的自律能力，自律带来自驱，自驱实现自主与进取，助力她们攀登更巍峨的精神高峰，成就她们丰富而广阔的人生景致。

由此我们便懂得，一个女孩修养好是因为她知道如何理解规则、制定方案，进而约束自己。这种强大的自律能力在学习上也能推动她周全地协调目标、时间、资源，结果就是越自律的人就越有可能取得进步，越进步又越能促使人自律。于是修养和学习相互促进，并形成一种良性循环。

总而言之，我的观点是：“想让女孩变聪明，就要让她有修养。”

父母的很多看上去是抓大放小的做法其实是本末倒置，结果反而因小失大。比如，“孩子只要成绩好，把鞋子摆整齐什么的不重要！”“吃完饭赶紧看书才是正事，哪需要她来帮忙收拾碗筷？”父母越是过度抓学习，越是容易适得其反，最终，孩子的学习成绩平平，神经却越来越紧绷，反应越来越迟钝。

父母本身的自律能力以及对原则的把控非常重要。能在修养方面严格要求孩子的家长，在学习上也往往抓得住重点，守得住原则。

比如，如果父母与孩子约定好在晚饭前必须完成作业，那父母是不是每天都督促到位了呢？当孩子可怜巴巴地求你：“妈妈，今天我实在是不想做朗读作业了，您就帮我把字签了吧。”你是不是会心软，然后提笔在作业本的父母栏里签了“已完成”？

严格要求孩子按照规则与约定行事，当然可能会让她感到痛苦和疲惫。但道理和目标都不可动摇，必须遵守和坚持。

“今天就算了”“下不为例”之类的慈悲心只会纵容孩子，阻碍她的成长。

女孩的好成绩需要稳扎稳打

一学期最让父母紧张的时候就是期末了吧。孩子的成绩起起落落，牵动着父母的心。

男孩对成绩可能心平气和，但女孩就不一样了。

在日本，小学生的成绩没有分数，通常是由“优秀”“一般”“须努力”三档评分标准构成的。男孩的成绩单上常常会有多个“须努力”，让父母哭笑不得；女孩的成绩单上大多是“一般”，更是有不少“优秀”，只有个别劣势科目中才会偶尔出现“须努力”。此时，父母可能会抱怨一下。

男孩和女孩为何会有如此天壤之别呢？原因正是女孩和男孩在秉性上的与生俱来的差异。女孩本就比男孩细心踏实，勤奋坚韧。观摩成绩单，除了各科的期末考试结果以外，还呈现了整个学期的表现情况，如平时提交的作业质量、课堂听讲的状态等。女孩多半能认真完成各项学习任务，不会晚交作业，更不会在课堂上随意说话打闹，影响教学秩序。

女孩无须提醒便能自律，男孩却相对缺乏理解力和意志力。女孩挨批评时会有羞耻感，这种天然的自尊心与自驱力推动着她们不断自省、自律和自励。

有了这种自驱力，女孩在学习上也无须他人施压，自己就能做到不松懈，自主追求进步。这种稳扎稳打的心性正是女孩的天赋，父母要呵护和强化它。

有了它，女孩在学习的各个方面都会对自己高标准、严要求。她们会每天定好要做多少数学题，并会尽力完成；预习、复习的计划一旦确定就全神贯注地坚决执行；作业保质保量，按时提交；网课也遵守时间，不拖不躲……对待目标和任务，她们不怕困难，绝不拖延。

父母要尽可能早地去激活女孩这种稳扎稳打的特性。女孩天生就对重复有更大的耐受力，比男孩更容易养成习惯。

女孩的这种天性可以运用到各种领域。所以对于女孩来说，养成学习上的好习惯并不困难。如果父母们能帮助孩子从小就形成日常仪式感，让她们习惯每天都要在书桌前学点什么，就能够让她们养成习惯，持续热爱学习，就算年龄和科目难度增加也不恐惧、不妥协。

不过，男孩也不是一无是处。

一个孩子聪不聪明，并不仅仅取决于他能不能积累到大量的知识，还取决于他在解决问题时头脑的灵活度、思维的发散度等诸多因素。耐心地阅读、扎实地做题固然能帮助孩子提升智力与能力，但专注而投入地玩解谜游戏也不失为一种脑力锻炼，而这就是男孩的优势了。

很多男孩在小学时调皮捣蛋，成绩单让人“触目惊心”。但他们在初中或高中时却可以“脱胎换骨”，成绩迅速提高，最后甚至考入一流学校。

那些越是调皮的男孩，越有可能实现“逆袭”。对于男孩来说，去体验就是最好的积累，去挑战就是最佳的激励。小学时的体验和挑战，很可能决定了他中学以及未来的潜力和爆发力。

在这一点上，男孩的优势的确比女孩要明显。所以我不建议女孩的父母采用同样的养育模式，去期待女孩在未来突然“弯道超车”。我并不是全盘否认这种可能性，但从多年的经验来看，这种情况实属罕见。

那些考入一流大学的女孩，大多是从小学起就稳扎稳打，心态稳，习惯稳，成绩更稳。女孩在学习上的特点就是先发制人。女孩需要的是磨砺出的宝剑锋，和熬过苦寒的梅花香。这样就不难理解，父母为什么要帮自己的女儿从小就养成良好的学习习惯。

学好母语才能学好外语

如今，很多日本企业把英语当作办公语言，使得教育界和父母们也非常重视英语教学。很多年轻人求职时会发现，一些企业会默认求职者会说英语，有时还会要求求职者会说第二外语。

在时代浪潮的裹挟下，小学英语教育也走上时代舞台。2020 年开始，所有日本小学三、四年级的孩子要学习年均 35 个学分的“外语活动课”。该课程要求学生用英语唱歌或做游戏。而且它是一门必修课，所有人都要学。五、六年级的孩子则要接受规范的英语学习，以前初中的一部分内容被提前到这个阶段。

日本也终于迎来了小学生都要正式学英语的时代。

我想先聊聊男孩和女孩在英语启蒙阶段的差别。经过这些年的观察，我发现女孩在听力上的表现再次胜过男孩。听说一体，女孩听力强，自然表达也流利，发音对她们而言更是易如反掌。有时，女孩甚至都不需要指导或纠正，自己听到什么音就能准确地仿读出来。

什么时候是英语启蒙的最佳时期呢？女孩在听力和发音方面天生就快人一步。所以父母如果能让孩子在幼年时期就多听多看多接触英语，将来孩子的语音语调就可能达到准母语水平。

但我认为，日本的英语早期教育出了问题。教育界和父母们太急功近利，把外语学习放在了提升母语素养之上。其实，孩子最应该学好的是母语，如果天天耳濡目染、时时都要听说的母语都一塌糊涂，外语又能学得多好？

在日本，很多人都察觉到，不少小女孩说话越来越含混不清了。她们吐字快且模糊，常常让人听不懂表达了什么。日语里明明只有 5 个元音，大多数日本人都能清楚地发音。但是一些女孩如腹语演员似的不张嘴、不动舌头，总喜欢用最小的力气和最简单的口腔肌肉动作来发音。那发音不清楚就自然而然了。

这当然不能归因于她们的英语启蒙过早。但母语的发音本就是语言发育的第一道坎儿，孩子们一开始就该一词一句、字正腔圆地发音。打好母语基础后，再去学习外语，否则可能会像小猴子掰玉米一样，一路辛苦却一无所获。

当然，在这个时代，我不是反对学习英语。如果只重视母语，而完全不学英语，那就走了另一个极端。孩子在学好母语的基础上，若学有余力，当然可以多接触英语资料，读读绘本、听听音频都是不错的语言活动。

父母们要信任孩子的吸收能力，即使没有填鸭式的口语训练，有了语言输入和沉浸式的语言环境，也可以完成英语启蒙任务。

阅读成就最高智慧

当今孩子们的阅读量正在快速下降。2010 年日本学研教育综合研究所的调查显示，高达 30% 的小学生课外阅读量为零，且其中高年级的孩子们最多。原因显而易见，此时的他们正奔波于各个补习班，哪还有精力阅读？然而这才是本末倒置。阅读量和成绩是成正比的，越会读书，越会学习。对此我毫不怀疑，因为我多年的观察和经验已经反复印证过这个道理了。

要想孩子聪明过人、学业有成，最好的方式就是让他自由而广泛地阅读，哪怕舍去做试卷的时间，也要给足阅读的时间。很多家庭来咨询我教育方法，多阅读常常就是我的答案。

阅读让人明理，变得聪慧。

孩子通过解读书籍中的文字来获得信息，提高理解能力。学习这件事情看上去很高深，但其基础也就是理解而已。

任何科目，无论文理，算术、科学、社会……无一不是用日语来编写教材和命制考题的。如果孩子理解能力低下，课文和题目都读不懂，何来的思考和解答？

此外，博览群书还能让孩子形成强大的感知力和想象力。

最近有个现象很有趣，本应天真烂漫、思维活跃的孩子们似乎变得木讷了，他们现在已经很难理解语言，从而联想或描画出场景。对此，无处不在的电视、漫画和电子游戏应负首要责任。孩子眼中充斥着具体的形象，无须动脑就能被“投喂”各种情节和场景，所以他们不再锻炼想象力，想象力退化也自然。

想象力是影响成绩的关键因素，而且对孩子的性格养成也极其重要。丧失想象力，就无法准确捕捉和还原他人的情绪、感受、需求，很难成为一个理解他人，善良体贴的人。

但很多时候，妈妈们发愁：“阅读的重要性我都明白，但孩子就是讨厌读书，怎么教、怎么催都没用啊！”

对于女孩，解决方案就是父母从改变环境开始，一步步引导女儿走入书籍的世界。妈妈可以花心思给孩子打造一个友好的阅读环境，比如把书放在她抬手就可得的地方。于是不知不觉中她便能翻开书，沉浸于阅读中了。有时间还可以带孩子去公共图书馆，母女一起沉浸在蔚为大观的书海里。很多图书馆专门开辟了儿童阅读区，妈妈大可用起来。

除了环境，妈妈还要重视孩子的阅读体验。有些妈妈常常递给孩子一本书，加上一句“给我读书去！”，自己却在一旁玩手机。这样是不可能培养孩子的阅读兴趣的。

我建议妈妈自己也拿起书，大人首先要阅读给孩子看。孩子看到大人求知若渴，自然也会被影响和同化。家里不妨设定一个阅读时段，在这段时间里大家都要安静读书，电视必须关闭。

另外，父母要时不时跟孩子互动，一起分享和讨论阅读的内容。比如，父母可以问问孩子：“你现在读的这本书是讲什么的啊？”哪怕父母知道答案，也要装作不记得，刻意鼓励孩子去回忆和复述。

孩子听到父母的提问：“这个故事发生在什么时代？”“主角是个什么样的孩子呢？”肯定也会努力调取脑海中的信息，去构建答案。

一个知识点或一段情节如果被复述过，就能“扎根”在她脑海中，留给她的感动也更加深刻。且将这份感动传达给他人时，她的逻辑思维能力、语言组织能力也会迅速进步。

妈妈还可以和孩子同读一本书，母女俩一边读一边讨论感兴趣的情节。妈妈引导孩子去思考："主角在那个时候为什么要哭呢？"孩子会分享自己的思考，然后妈妈也可以分享自己的见解。如此便能把亲子阅读变成亲密又有趣的思维游戏时间了。

在书的选择上，妈妈要注意循序渐进，尊重孩子的兴趣和水平。启蒙阶段大可提供一些易于孩子理解的童话、绘本等作品。等她阅读能力提升到一定高度后，便可以让女儿接触世界文学名著了。

文学名著中其实也有很多是小读者们能读也爱读的，如伯内特夫人的《小公主》和圣埃克苏佩里的《小王子》，日本的《唐草物语》，还有《汤姆·索亚历险记》等。高年级的孩子可以尝试《约翰·克利斯朵夫》，甚至莎士比亚的著作。

这些作品经历了漫长的历史之河，至今仍熠熠生辉。它们之所以不朽，是因为古往今来有太多人为其感动，被其滋养。孩子也一定能从中领悟作者的精神世界。

我犹记得小时候，家里有一整套世界文学集。于是我从头开始，一本本地读。也许现在你的孩子还小，不过我也建议你买上一套放在家里。或许有一天，你的孩子就如我一样兴致盎然，求知若渴。

有妈妈会问："那些漫画版的世界名著能读吗？"我的建议是不要读。这些漫画版的书固然也能让孩子明白大致的情节，但名著之所以为名著，就在于它们精妙的文学表述、独特的文学韵味、深刻的文学思想。改成漫画，这一切都荡然无存，实在买椟还珠了。且名著一旦经过了漫画作者的二次加工，孩子读的就已不是原作者的作品，而是漫画作者的理解了。

日本是一个漫画大国，漫画堪称日本的国民文化。这其中当然也会有不朽的作品，值得大家去品鉴和欣赏，我们大可不必谈“漫”色变。相反，让孩子去阅读精彩的漫画作品其实也很有意义。只是现在我们的首要任务是创造阅读环境，目标是让孩子亲近传统书籍和文字作品。对于孩子来说，但凡手边有本漫画，那么八成就会选择读它。毕竟读漫画像吃快餐一样省心省劲，获取情节轻而易举，不必动脑去理解、联想和补足信息。所以我们只能狠心撤下书架上的漫画，选择纯粹而经典的阅读方式。让孩子练习在文字语言的基础上，去想象和构筑自己的理解。

前文已反复提及，阅读的意义就在于，读者需要基于作者的文字表达，去自行捕获并完善信息，从而体验完整的阅读过程。高超的阅读能力必将带来出众的学习成绩。而且阅读之所以会是一种享受，就是因为我们能穿越文字与作者交流，或借助作者的文字看到更广阔的风景。

第 5 章

让女孩自立又自理

聪明地提醒

女孩妈妈在孕期都有过许多美好的幻想吧？比如，每天有闲适的早餐时光，帮女儿温柔地扎小辫。你们会微笑着说再见，分头开始一天的学习和操劳。放学后和女儿一起做晚饭，餐桌上笑语不断，一整天的疲累瞬间被洗涤。周末还可以一块儿烤蛋糕，和爸爸享用下午茶，一起聊天。

但现实却是一地鸡毛。

生活中，从早到晚都充斥着妈妈的催促与紧张，从“赶紧给我起床！”到“快点吃，已经来不及了！”，再到“洗脸了吗？”“手帕和纸巾装好了吗？”“没忘什么东西吧？”“快迟到了，出发！出发！”，清晨的时光总是一片“兵荒马乱”。

放学后似乎也差不多，从“鞋子摆好再进屋！”到“洗手了吗？”，再到“脏衣服带回房间去，别乱扔！”“作业都没做，看什么电视？！”……

从事教育咨询多年，我跟很多妈妈都聊过养育的苦恼。太多妈妈对自己的“操心”很无奈，但又无法改变。为什么大家总是唠唠叨叨，甚至歇斯底里呢？

很多妈妈还问到了关键点：“我总是这么凶她、催她，孩子会不会变得越来越懦弱？”

答案是肯定的。哪怕不得不批评，妈妈也必须抑制住自己的情绪，任何时候都要保持理智和客观。

有时孩子在沙发上，懒散地看电视，妈妈开始极度失望地大吼：“就知道看电视，给我做作业去！”然而孩子纹丝不动。其实，妈妈可以冷静下来，用更迂回的话术：“反正作业是躲不掉的，做完它才能玩痛快嘛。”

有的妈妈无法控制自己的情绪，还是会选择唠唠叨叨。那该如何是好？针对男孩和女孩的妈妈，我各有建议。

男孩妈妈必须改掉唠叨的习惯，不可辩驳。男孩的忍耐力和自制力本就不强，妈妈如果还要无休无止地唠叨，他们便可能失去主观能动性，行动完全依靠妈妈催促；也可能充耳不闻，消极抵抗。前者越来越耳软心软，后者越来越嚣张跋扈。他们进入青春期后跟父母关系会更加紧张。

女孩的妈妈就无须焦虑了。我常对女孩妈妈说：“想唠叨就唠叨吧！女孩越提醒越有益，妈妈严格和琐碎些没关系。”

这是什么道理呢？其实我在第 1 章已经回答过了。父母可时时提醒女儿注意自己的言行，这并不会让她变得懦弱、自卑或逆反。但凡大人有道理，女孩就听得进去，且会在实践中不断练习和强化，优秀真的能变成一种习惯。

发现女儿有可改进的地方时，父母大可直接说：

“吃饭时手肘不可以支撑在桌上。”

“饭前饭后别忘了说‘我开动了’和‘我吃饱了’。”

“脏衣服不要随手乱扔，记得放到脏衣篮里去。”

“自己先吃完饭，要记得收拾碗筷，放到水池里。”

“可以把明天要带去学校的东西收拾好，提前准备好，心才不慌。”

“用完洗手台，要收拾干净自己掉的头发哦。”

女孩偏向于在不断的重复训练中形成习惯，追求更优秀的表现。她们嘴上偶尔也会不情不愿：“够了够了，知道了！”“怎么又来？！”但行为上还是会遵从，且坚持不懈。对女孩妈妈来说，“嘴碎”不是问题。

但大家千万不要认为：“那可好！我以后能随便发号施令了！”别忘了，唠叨和指责的出发点必须是为了孩子好，能帮她发现并解决问题。

父母如果不顾及孩子的情绪，只从大人的需求出发，把孩子当仆人来教育，那就是对我最大的误解了。试想，妈妈躺在沙发上命令孩子“去把垃圾倒了”或“给我拿报纸来”。那是在帮助孩子吗？跟尊重孩子有关系吗？

女孩身上有种天然的服从性，有些妈妈便喜欢利用这个特质来满足自己的掌控欲。在这样的家庭长大，孩子对自尊、自爱、自我都没有认知，认为自己就是为了满足母亲的需求而生的。妈妈若不满意，孩子就惶恐，然后自我否定，逐渐沉沦。

很多孩子被压力击垮，开始自虐，割腕、厌食者时有。这些只是症状，病根还是父母的贪婪。更悲哀的是，这些妈妈并未发现自己所谓的爱其实是一把刀，让孩子的心千疮百孔。

养育女儿如缔造艺术品，提醒是一种匠心独具的雕琢。但父母要分清的是，什么是雕琢，而什么是发号施令。

聪明地提问

如果说提醒是一种雕琢，简单直白，那么其实还有一种更好的方式也能提高女儿的修养，那就是尊重孩子的意见。比如“宝贝，你觉得现在该怎么做才好”或“闺女，这件事你怎么看”。

可以问的事情有很多，比如今天穿什么、周末怎么玩、暑假旅行选哪里、房间布置如何调整等。我的原则是：与孩子相关的事，一律征求她本人的意见。

就这么简单吗？其实如果实践，你就会发现，处处尊重孩子的意见并不容易。大人一眼便明白的事情，刻意与孩子商量反而麻烦。

比如，孩子从小就参加的游泳班即将举办比赛，但不巧和学校运动会的时间冲突了。作为大人，除非校外比赛的规格极高，否则当然会选择学校的运动会。道理很简单：“这种民办比赛多着呢！但学校的运动会才难得，咱全家都可以参加，跑步、跳舞这些项目可好玩了！”一锤定音，无须纠结。

但越是这种情况，我越是希望父母能俯身问问孩子：“你觉得呢？你想去哪一边？”孩子会认真仔细地分析自己的感受，把两个比赛的优缺点在头脑里一一列举、反复比较。这个思考和比较的过程才是最有价值的——面对两难的局面，孩子能自己去思考和决断，这是我们提问的最终目标。

也许孩子得出的答案与大人完全相反，但别着急否定她：“这么办可不行，你得听大人的！”询问孩子的意见就是为了在多种解决方法中找到最优解，而不是形式化地问询后，让她接受“一切决定权最终都归大人”。倾听她的反驳，尊重她的观点，反复讨论、争辩，直到一起得出真正可行的答案。妈妈可以说：“我明白你的意思了，但我有不同意见……”妈妈要摒弃情绪化的指责，放下“我吃的盐比你吃的饭还多”的传统观念，用事实与逻辑支撑意见。最好的结果应该是孩子自己发现，果然还是大人的意见更有道理，而不是用“毕竟我们是过来人”来逼孩子接受一个答案。

秘诀依然是不要怕麻烦，不要担心耗费时间，一次次的思维交锋，能让孩子形成自我的思考，养成自立的习惯。

我们回到之前那个游泳比赛的例子。如果孩子想去游泳比赛，妈妈可以让她阐述理由。

孩子或许会努力争取道：“去年我在这个比赛里居然得了倒数第一名。我不服气，我也想赢！我已经拼命练习一整年了，今年一定要超过他们！”妈妈首先接纳孩子的情绪，肯定她的斗志，然后再分享意见：“可是妈妈有不同的观点……”接下来再一次请孩子思考：“宝贝你觉得呢？”

这场沟通的精髓并不在于结果，而在于过程。孩子需要学习的是表达自己的意见，并组织合适的理由；倾听他人的想法，再重新审视自己的观点。她练习的是判断力与决断力，这些思维习惯与逻辑能力对学习也大有裨益。

有妈妈会问：“这么事无巨细地问孩子的意见，有意义吗？”

但人生那么长，将来有太多问题终究是要孩子自己解决的，哪怕是独自承受生活的苦难。所以课外活动选哪项、升学时填报哪几所学校，都需要“逼”她亲自分析、抉择和复盘。

但很多孩子在面对人生的重要选择时，会选择弃权。因为她们真的不会思考，做不了决定，所以总要父母或老师帮自己决定。每每走到人生的分水岭，她们对未来就一片茫然。甚至有的孩子在快餐厅点个餐都不知所措：“妈，你吃什么，我就吃什么吧。”她们单纯又无力，让人心疼又无奈。

所以我屡屡忍不住呐喊：“把选择权还给孩子，倾听她自己的意见！”

妈妈必须学会改正自己包办一切的习惯，耐心地跟孩子商量或争论，才能让她的头脑和心灵都成长起来。

还有一种养育方式也同样要避免，即“追热点式养育”，这类父母只会跟随大流。穿衣打扮追求时尚当然没关系，但在教育孩子的问题上可不能处处依附于外界的潮流或他人的判断。

爱追“热点”的妈妈最怕被时代遗忘，而不在乎自己有没有独立的思想与价值观。别人做的事情，反正自己跟着做就对了，抓住了潮流就有满满的参与感和安全感。但教育不是挑衣服、选化妆品，我们是在养育一颗幼小的心啊！怎能如此敷衍？

很多妈妈容易“一时兴起”。听好友说孩子去学体操了，自己也立刻兴致昂扬，然后把孩子“塞进”体操教室；听说英语启蒙越早越好，危机感便油然而生，马上买回价格不菲的教材；小升初时，不做研究和比较，只凭一时兴起，便要孩子备考知名私立学校。她们在焦虑和冲动中把每一天都过得疲惫不堪。

选择补习班时，妈妈也毫无定性：这家机构升学数据好，就报它了；听说那家的老师更温柔和蔼，那就换过去吧，老师还是很重要的……她们听风就是雨，孩子也像没头苍蝇一样四处乱撞。

天真的妈妈满心以为只要选对了补习班，孩子的成绩甚至智商就会令人刮目相看。补习班对这种客户也无可奈何。漫漫征途，欲望、策略和自驱力同样重要。把孩子固定在教室里，强行灌输知识，只是缘木求鱼。就像有的妈妈想减肥时，只知道买健身器械，不懂也不会做正确的训练，最后只会适得其反。

其实妈妈们也有自己的原生家庭，那些随波逐流与争强好胜也源自从小的成长体验。小时候自己也没有机会去学习独立思考和冷静决断，现在只好不停追随潮流。如一只变色龙在给自己寻找合适的保护色，但又被各种虚幻和浮躁的信息迷惑。一直努力，却作茧自缚。

育儿也是育己，成为妈妈也是成为一个更好的自己。想想未来，妈妈们希望女儿变成什么样的母亲呢？一个得过且过或随波逐流的妈妈吗？ 8 岁不到，机会还有。从今天起就多问问她“你觉得应该怎么做”或“这事你怎么看”。要相信习惯的力量，相信水滴石穿。

做家务是一种学习

很多养育杂志建议让孩子做家务：“做家务的孩子反应快、智商高。”这看上去匪夷所思，但多年的经验告诉我，孩子做家务就是能变聪明。成绩好的孩子几乎个个都是家务小能手，且与性别无关。

现在，很多父母认为孩子做家务不如做习题册。然而，这是一种彻底的误解，因为家务才是绝妙的学习。

这些父母多半会很吃惊：“家务和学习有什么关系？”

当然有关系。做家务讲究科学安排时间，且执行要及时。头脑必须时刻监控不同任务的进展，这可是个很专业的概念——多线程工作。妈妈们常年做家务，对这两点肯定深有体会。所以教孩子做家务，就是用好上手的身边事，教孩子进行时间管理和多线程工作。很幸运，这种教学过程通常都是愉快而自然的。

孩子要找到最高效的方法来完成任务，叠衣服有窍门吗？打扫浴室最好从哪个角落开始？孩子会发现，等待鸡蛋煎熟的时间里如果顺手拌个沙拉，做饭的时间便能缩短一半。

通过亲身体验，孩子们不断思考和实践，逐渐变得聪明灵活，学习能力也相应提高。

老话讲在多子女家庭里，长姐往往是最优秀的那一个。这可能跟长姐的家务能力有关。她们可能从小就要为父母分忧，照顾弟弟妹妹。商业杂志常宣传的高效工作技巧，长姐们已经在经年累月的家务实战中领悟而且掌握了。那么在学习中她们自然也能触类旁通，统筹规划，成绩出色。

不过，当代家庭的子女数量正在急剧下降，独生子女越来越多。智能家电走进千家万户，很多工作已无须人类操心。孩子没必要再分担什么家务了。更何况，孩子做家务的效率极低。妈妈自己动手反而省时省力，那又何必大费周章？

这个问题的答案正好就是我劝妈妈让孩子做家务的初衷：**让孩子做家务不是为了家务本身，而是为了帮助孩子学习。**做家务练就的是孩子的好习惯和好思维，若放弃，孩子损失的是一个学习的好机会。

让女儿帮忙做家务时，有几点注意事项：

首先，妈妈不要布置完任务就走开。养育男孩，父母最好别絮絮叨叨，否则孩子会腻烦甚至逆反。但女孩希望被陪伴，喜欢妈妈给出具体的建议，然后自己去实践、分析、调整，完成任务后收获成就感。

吃饭前端菜和摆桌子就是个好机会，这里面的窍门可不少。妈妈可以教她："茶碗放左边，饭碗放右边。大家习惯用右手拿筷子夹菜，所以这样放很顺手。"叠衣服也充满技巧，妈妈如果一一教给孩子，让她通过亲身实践体验到"正确的方法使效率更高"的道理，就是最好的家务培训。

教孩子做饭这件事仍然男女有别。男孩只要有个大致方向，就能自己发挥。他们希望将食材加工成"创意料理"。然而，女孩通常就有清晰的目标了——这道菜我要做得和妈妈做的一样好吃！带女儿做饭时，妈妈不要留她一个人在厨房忙活，而要陪伴她。女儿遇到困难，妈妈可及时点拨："不要紧，再这么弄一下就好。"女儿便能逐渐找到感觉。

其次，妈妈最好把一些常规家务以"个人负责"的形式分配给她。有了自己的工作职责，孩子更能感受到强烈的仪式感与责任感，而非间或蜻蜓点水似的辅助性工作。如此，动手能力也会得到极大的提升。

有责任感才会重视结果。时间冲突时，孩子便开始权衡："今晚的电视节目一定要看，那现在先把家务完成吧！"这就是在练习时间管理。

妈妈请永远记得要感谢孩子的帮助，她为自己做的任何一件小事都应该被发现和表扬。

妈妈再忙也要说"谢谢"和"你棒极了"，如果还有更具体的表达则锦上添花："宝贝真懂事，一直都在给家里帮忙。妈妈很感谢你！"

对孩子来说，最高级的喜悦就是为妈妈创造价值，且得到妈妈的认可。这将成为一股力量，给她的内心带来持续而温暖的鼓励，让她敢于相信自己，乐于发掘更多机会，去完成更多任务、创造更好的效果。

偶尔发现孩子有欠缺之处，必须纠正时，妈妈也请先肯定后纠正。语气不要生硬，批评的话妈妈用建议的形式说出来会更好："这个地方妈妈有个好方法哦。"

再小的成就，也值得赞美；再小的孩子，也能做家务。

从今天起，让她"撸起袖子加油干吧"!

夸奖女孩有窍门

养育理念在不断进化，正强化、鼓励教育已成为新共识。父母自不必说，老师们也纷纷放下了"严师出高徒"的传统观念，开始用肯定去激发学生们的潜能。没错，赞许能给一个人带来自信，自信又能助推其挑战更难的目标。

有读者可能会困惑："你前面不是说女孩要严格管教，时刻纠正吗？”是的，女孩妈妈的提醒和唠叨很重要，但认可和激励也不能少。张弛有度，才能让女孩健康发展。

新的问题来了：“夸人可太难了，孩子哪有这么多优点或成绩让人夸呢？”父母总认为胜过所有人才是成功，可惜人外有人。其实成功可以被重新定义。任何一件小事，只要做得漂亮，就值得庆贺和赞美：孩子给花浇了水，或走路时小心避过一群蚂蚁，或主动跟人打招呼……

妈妈立刻赞许，孩子便会快乐自信。哪怕几句简单的“不错哦”“宝贝真乖啊”，都是孩子快乐与动力的源泉。

夸奖孩子要及时，不要拖延。如果事后许久妈妈才察觉“今天那事儿你干得不错啊！”，这姗姗来迟的表扬，激励程度肯定大打折扣。

一位职场女精英有着高超的工作技巧，她的秘诀就是及时夸奖。但凡下属做得好，她一定会当场高声赞扬。被表扬的下属都更加干劲十足。

大人都难以阻挡夸奖带来的正向刺激，更何况孩子。所以只要发现孩子做得好，父母就要慷慨且迅速给予表扬。

妈妈还可以进一步修炼表扬的话术。总是翻来覆去地说“厉害哦”“还不错”，多少有些机械了，久而久之孩子也就失去兴趣了，甚至觉得有些做作。

那怎么夸，才恰到好处呢？

妈妈可以在夸奖时加入孩子的行为细节，告诉孩子她刚才做了什么让妈妈如此感动。比如“宝贝在给花浇水呢，谢谢”，“今天你真棒，自己主动完成作业后才玩”。

妈妈复述孩子的行为，孩子便会感到“妈妈看到我了”“妈妈知道我很棒”。她的内心就会变得充盈、自信。

我相信再小的成就也值得庆贺，不要再抱怨“我家孩子没什么可夸的”了。千里马常有，关键还得看父母是不是伯乐。

特长训练需要父母使巧劲

文体特长的启蒙年龄一般在学龄前。日本倍乐生教育综合研究所（BERD）发布的报告显示，2010 年，77% 的 6 岁儿童都在进行至少一项特长训练，这意味着 5 个孩子里有 4 个都在进行特长训练。

家长们对体育尤为热衷，孩子们学得最多的是游泳，其次是体操。运动能增强体质，还可以促进大脑发育。

我格外推荐女孩去训练音乐类的特长，如钢琴和小提琴。我曾在多部拙作中提及学习音乐的好处，这里请容我再讨论一次。

首先，学音乐可以激发感知力，带来灵感、幸福和能量。解读乐曲里纤细的情感、丰富的内容，都是在强化感知力。

其次，识谱和视奏也是一种数学训练。谱面上有各种标识，提示节奏、音高和速度。四分音符和八分音符等的时长比例关系，又俨然是种乘除换算练习。视奏时，孩子需要不停地辨识和练习，大脑和神经系统仿佛在快速又协调地攻克一道道迥异又复杂的题目。

最后，练琴的过程可以培养耐受力，同时提升修养。宝剑锋从磨砺出，任何音乐特长都必须从打磨基本功开始。孩子要年复一年地训练基础的动作和反应力，忍受枯燥、重复和挫败。另外，拜师学艺也意味着学习不同行业的礼仪。走进教室后，师生间打招呼和沟通都要讲究规矩和分寸。孩子的修养自然能得到锻炼。

如此一来，学习音乐堪称一石三鸟。

遗憾的是，学习音乐在入门阶段并不快乐。家庭有音乐传统还好，比如父母本身就弹得一手好钢琴，那孩子自然也心向往之。倘若孩子未受过音乐熏陶，父母却突然下指令："今天起你要学钢琴了，老师已经定好了。"孩子只会觉得莫名其妙。

怎么才能引导孩子愉快地进入音乐殿堂呢？有些父母对这个问题不以为然："学琴这么重要的事当然要听大人的。既然妈妈说了要学，孩子还能不同意？"

强行施压只会适得其反。父母只看到荣耀和目标，却忽略孩子本人的感受。对孩子来说，上钢琴课也只是去努力表演顺从，知识和技术都进不了脑子。她们成年后再回想起有关钢琴的经历时，只会深感艰辛和恐惧。

当然，很多父母会更温和："我们给你报了钢琴课，明天开始就要练习了哦。"但这只是表面的温和，本质上依然没有考虑到孩子的感受。

到底怎么做才能有效地引导孩子学习钢琴呢？我建议，妈妈自己先开始学习。

最初，妈妈可以对孩子说："我想去学习一种乐器，叫作钢琴。但第一次上课有点害怕，你能陪我一起去，帮我加油鼓劲吗？"

学习开始后，妈妈要坚持练习。水平高低无所谓，但一定要保持放松和愉快。曲目可以很简单，孩子喜欢的童谣、儿歌等都可以。

孩子看到妈妈投入的模样，自己也定会跃跃欲试："妈妈，我也要！让我也弹弹啊！"

这时才是正确的契机，妈妈可以邀请孩子学习钢琴了："你也想学？那一块儿学学看啊，老师还有好多新曲子呢！"没有强迫，无须说教，但兴趣已经在孩子心里萌发。

以后还能和孩子比赛："要不要跟妈妈比试比试？"两人你追我赶，水平便可日益提高，孩子在享受学习和进步的同时，对钢琴也产生自发的热爱。即使有一天妈妈无法坚持，孩子都不见得想放弃，至少不会动不动就说“我不学了”。

妈妈无须用伪装去“诱惑”孩子学琴。恰恰相反，我是真的建议母女能一起坚持下去。如此，妈妈才能更懂学琴路上的艰辛，从而更有效地帮助孩子。

另外，妈妈绝不能把自己摆在老师的位置上，处处挑剔孩子的练习状态。有些妈妈喜欢陪课，一条条记下老师说的所有注意点。若只是为了课后练习时有个参考，倒也无妨。但如果妈妈每次都把笔记当金科玉律，总是刻意找孩子的破绽，然后霸道地批评：“这个地方怎么又错了！要说多少次才记得住?！”那就因小失大了。

对孩子来说，学琴就等于没完没了地挨骂：上课是被老师批评，回家练琴被妈妈批评。钢琴在孩子心中沦为痛苦之源。除非女儿天赋异禀，或极度忍耐，否则她一定会很快放弃。

孩子的学艺路上，父母只是陪伴者，老师才是真正的指导者。我理解大家急切的心情，但学习无法一蹴而就。专业的事情还是要交给专业的人办，父母做一个配角就好。

无论多么希望孩子有一技之长，父母最好都先让自己沉浸其中，做好榜样。这样，孩子才能真心跟随，一切才能水到渠成。

在孩子学习时，妈妈虽然是配角，但当轮到自己时，就是当之无愧的主角。小到给来访的亲友表演一支曲子，大到和同学们举办汇报演出，甚至加入乐团去专业的大剧场演出，都不是不可能的。

这样激情投入的妈妈自然光芒万丈。

因为，你的感受同样重要，你的能量和才华不应该埋没于日常操劳中，你的人生可以更加恣意和丰富，更不必只以养育为中心。

第 6 章

让女孩茁壮成长

培养女孩的良善之心

一千个读者，就有一千个哈姆雷特。同一件事物，不同人的感知和解读可能大相径庭，我们对此体会已深。

有朋友感冒了，周围人可能产生两种反应。一种是主动安慰："不舒服吗？发烧没有？"还有一种是避之不及："糟糕！他可千万别传染给我。"

人的态度怎么能相差这么大？

正如前文反复提及的，根本原因还是每个人的感知力不同。

卓越的感知力会带来出众的想象力与共情力，所以女性总能感他人所感，急他人所急，慷慨提供相应的情绪价值。她们对人对物都抱有几分善良与温存，连周遭动物、植物都能被温柔以待。所以，父母想要培养正直善良的女孩，最重要的就是激发并增强她们的感知力。感知力强的孩子，才能敏锐地理解并回应朋友的善意。

过生日时，如果收到朋友送的手工娃娃，她们一定会欢欣雀跃，又真诚感激："你是不是花了不少时间，熬夜给我做的？""我最喜欢粉色了，娃娃刚好穿着粉色的衣服，太可爱了！"

她们会去理解朋友花了多少心思在这份礼物里，去体谅他人的不易，感激礼轻情意重。她们也会铭记自己此刻的欣喜，在将来用同样诚挚的心意把它传递给下一个人。妈妈如果在场，也一定要肯定孩子的感知力。

妈妈可以说："这个娃娃真漂亮啊！我也觉得她做的时候肯定很用心，我们要好好珍惜。"

妈妈的赞同让孩子更加自信，她的感知力也会更加敏锐，内心的良善之树也会生出更深的根，长出更茂盛的枝。

管理好时间和物品，才能管理好整个人生

女孩多少都有些善变，让人摸不准她们的心思。自以为是、嚣张蛮横时而有之，但这也不妨碍她们犯错后向妈妈求助。

有些女孩就是爱熬夜，父母反复催促睡觉，也只能换来她一句反驳："我不是小孩子了，自己有数！"等到她终于困顿不堪，

决定入睡了，又可怜巴巴地说："明天轮到我负责喂学校的小动物了，必须早到。妈妈要叫我起来哦。"出门前妈妈再三跟她确认东西是否都齐全了，但到了学校她还是能理直气壮地打回电话："妈！快给我送东西来，我忘带了！"

妈妈们总是心软，有求必应："她这个样子，我也没办法啊。"但其实当孩子进入小学后，妈妈就真的该重视她的时间管理和物品管理能力了。要让她逐渐适应自己去把握截止时间，准备好必需的物品，而不是处处依赖妈妈。

一个人对时间和物品的管理能力决定了她的自理能力。

对此，我有一个小妙招：孩子 8 岁时，我们可以送她一个日程本。

也许你会震惊："她这么小，用得了日程本吗？太难了吧。"但其实没那么难，完全可行。我班上的女孩就喜欢用日程本来记录重要事项、截止日期、需要准备的材料等。她们的信息管理之准确、规范，让大人都叹服。

我有时通知大家某节课要改时间，女孩便立刻取出日程本，找到对应的日期页认真记录。男孩则截然相反，一个个优哉游哉不以为然，哪怕随便拿张纸记录一下都不愿意。

女孩会花心思把重要的事情详细记下来，比如用彩笔标记出各种截止日。需要在下堂课提交的作业或材料，她们也会在备注栏里记得清清楚楚。

在管理时间和物品上，女性原就比男性细致，更莫说有日程本的辅助了。在这些女孩的生活里，从没有上课迟到、忘带资料、迟交作业等问题。

我有时看到她们的日程本，都为其精巧而赞叹：“这真是一个孩子的日程本吗？”细细想来，这其实就是她们的贴纸本的延伸而已。那些印着卡通形象的月度计划页，配上孩子们用彩铅、马克笔、贴画、金粉、银粉等做成的装饰或标识，俨然一场小小的设计盛会。

日程本可以在生活的方方面面使用，而不用限制在学习领域，比如朋友或偶像的生日也是不错的记录项目。只要孩子喜欢，就没有什么不能记的。越是给她使用的权力，她就越是喜欢记录和复盘。

买一本日程本当作孩子 8 岁的生日礼物吧，相信它对女儿意义非凡。

培养女孩的自信心

人无完人，每个人都有一些小缺陷。

比如有的女孩子认为自己鼻梁太低，眼睛不大。还有的女孩认为自己学习太吃力，运动太糟糕，唱歌不动听，没有朋友等，她们总能产生自卑感。

但有种力量能让女孩对抗这些自卑感，那就是一个人深层次的自信。自信是一个人的精神动力与活力来源。我坚信，对孩子们来说，越自信越优秀！

我常说要培养一个男孩的自信心，就要让他经历世间各种奇遇，挑战一切不可能，成全他所有的激情与好奇心。比如能爬上更高的地方，或敢从更高的地方跳下（当然，这是在保证安全的前提下），或捉一只甲虫等。这些挑战看上去很无聊，但一旦成功，就能给男孩带来满满的自信。如果父母或朋友再鼓励："你终于成功啦！""你可真厉害！"男孩的自信还能更强大。

那么如何才能培养女孩的自信呢？

和男孩一样，父母也要让女孩去尝试新鲜事物，去追逐那些天马行空的理想。但这还不够，女孩需要更多的呵护。她们的自信根植于无条件的接纳、需要，是一种"自己的存在会带给别人幸福"的坚定信念。如此，她才能获得坚不可摧的自信。

父母要及时表扬女儿的一言一行。当父母发现她叠了衣服、照看了弟弟妹妹时，就要立刻表扬："真棒！""做得好！"再小的事都值得被看到和赞美。

夸奖要落到实处，要把我们看到的具体行为描述出来，才够有力，才能让孩子知道父母在关注她。比如："厉害！你自己就叠好了衣服，真是帮到妈妈了！”

此外，如前所述，父母还应该多夸奖女孩“可爱”。她懵懂的表情与动作、有趣的话语都是与生俱来的可爱力量，值得时刻被关注和赞许。她越是在自然舒服的状态下被认可，就越是能让心中的自信之芽茁壮成长。

还有一点也很重要，父母要一直陪伴她，关注她。无论夸奖她的行为还是赞美她“可爱”，都是一种充满爱的关注，关注是一切家庭教育的根基。她知道身后一直有父母的目光，知道自己获得的爱是纯粹的，内心才能丰盈而自由，自信之花才会明艳地开放。

若还想继续强化她的自信，就需要一位或多位家庭之外的人士（我称之为“人间知己”）来肯定她。当一个非亲非故的人对自己也格外赏识，且愿意亲近和理解自己时，女孩就会感到自己在被这个世界欢迎。她的内心能产生更强的骄傲感与安全感，即使将来陷入困境也不会沉沦迷茫；相反，她会在强大的自信中，披荆斩棘、所向披靡。

这位“人间知己”最好是学校的老师，当然兴趣班的老师，甚至邻家老奶奶、老爷爷、父母的好友等都没问题。

回想一下我们自己的童年，是不是也有过这么一位忘年交？上学路上，邻家老爷爷总是和蔼地打招呼：“早上好啊，小家伙！今天也要学好玩好哦！”又比如妈妈好友来家做客，看到我们便开心："哇，咱闺女长得真快，是个大姑娘了！"

不一定需要夸张的表扬，一份恰到好处的友好就足以让女孩得到治愈了。

这位人间知己和孩子越亲密，孩子能获得的力量就越大。当有不愿意告诉老师或父母的秘密和烦恼时，她也能有倾诉的对象，从而被疗愈、鼓舞、指导。这位"人间知己"让孩子感到天地开阔。有了这份安全感和自信心，孩子不太可能学坏或堕落。

孩子的"人间知己"可能也是妈妈的"养育知己"。有些烦恼，妈妈自己百思不得其解，但在这位"养育知己"的帮助下，或许很快便烟消云散。

教女孩高效沟通

妈妈们容易有种错觉："女孩本来就话多，在沟通能力上不用父母操心。"其实，女孩说得多不一定就说得好。女孩常常急于倾诉，而无暇顾及沟通的目的和质量，那如何能做到高效沟通？

有人把沟通形容为"用语言打球"，但我更愿意说这是"用心在打球"。这个"球"就是彼此的情绪与观点。用打球来比喻也不完全正确，毕竟沟通的双方并不需要分出胜负，只需要传递信息，语言不过是其中的媒介而已。

想提高孩子的沟通能力，不妨看看我的两个建议。

我的第一个建议是提升语言表达的质量，做到清晰、准确地传递信息。提升语言表达质量的最佳方法就是朗读训练。

小学一年级起，孩子就会做朗读作业，每天都要按照规定的要求，高声朗读教材里的句子或篇章。

妈妈也许会质疑："这能有什么用？"这很有用，能规范孩子的发音，让她们将来清晰又流利地使用母语，这对提升沟通能力十分重要。

我们或许都被收音机或电视里的声音惊艳过，播音员或演员的声音真如天籁般悦耳。所以规范的发音能让听众更认真和投入，漂亮的语音语调能影响沟通的效果。

妈妈要重视朗读训练，在指导上一定要精确到每个词语、段落，这对女儿今后的人际沟通大有裨益。朗读材料远不止家庭作业，家里的藏书都值得一读（夏目漱石、芥川龙之介等名家的作品当然最好）。长期朗读名篇佳作会提高孩子的语感，让她说一口规范而典雅的母语。

如果哪位主持人或演员的发音让妈妈赞不绝口，那就不妨将其作为仿读的对象推荐给孩子。

提升语言表达的质量，除了朗读训练以外，还要提高遣词造句的能力。不知你是否还有印象，前文第 4 章提到过一个建议：想让孩子学好语文，就要鼓励孩子多用助词和连词，尽量说长句子。

遣词造句就是沟通的底层能力。口语表达中，高效沟通的人通常都善用长句。孩子如果能把情绪、事件、观点用结构完整的句子表达出来，听者就会接收得更全面，反馈得更及时。

想提升孩子的语言质量，我们需要双管齐下，同时筑牢发音和词句这两项基本功。但也要注意，空有漂亮的语音语调和精妙的遣词造句，却没有扎实动人的内容来支撑，恐怕还是难以打动听者，所以提高内容的质量也同样重要。

我的第二个建议是，要让孩子言之有物，父母可以从训练她的观察力入手。让她先学会去体验，然后再去表达和分享这份体验。这种训练对父母来说可不容易，因为父母不能用一句“你好好看看，发现什么了吗？”来逼孩子观察。孩子还什么都不懂，父母的提问又宽泛，她当然无所适从。

妈妈可以润物无声地引导女儿去感知。孩子从公园玩耍回来，可能会兴冲冲地说：“今天我遇到了一只小狗，我和它一起玩了！”妈妈便可以接过话题，和孩子一起回忆这位动物朋友的细节：“哦？它是什么样的小狗啊？有多高？什么颜色呀？”

孩子一时也想不起来，只能嘟囔道：“那个那个……它是什么样子的来着？好像……哎！我不记得了。”那么下次她就会留心观察这只小狗，做好更全的准备回家跟妈妈讨论。她不只留意小狗的外观，或许还会向狗主人询问品种和名字。回到家后，孩子的描述明显比上次生动得多：“我今天抱它的时候，它伸出舌头使劲舔我的鼻子哦！”无须妈妈发问，孩子就能主动分享很多具体信息。

妈妈也要参与互动，进一步地挖掘孩子感受到的细节。妈妈可以问：“那你是什么感觉啊？”

孩子如果只说一声“好玩”或“开心”，那妈妈就可以饶有兴致地让她回答是什么地方好玩了，又是为什么而开心。让孩子习惯去描述抽象的情绪或概念，长此以往定能练就她出众的表达能力。

最后我还想说，善于表达情绪和感受的孩子，通常也会喜欢阅读。她从广泛的阅读中邂逅了太多人物、场景、情绪、观点，常常身临其境，渐渐换位思考。孩子感受到的是先贤大家的精神世界，心中自然会有天地山川、历史人文。如此，语言是精神和思考的载体，孩子的表达又怎会浅薄空洞？怎能不打动听众？

第 7 章

让女孩坚韧独立

女孩可以温柔但不能软弱

日语有句俗语：“你到底说了什么，取决于你是怎么说的。”这句话意思是描述事情的方法可能改变这件事情的原貌。很多时候事物不在于本质，而在于人们的理解和阐释。孩子的性格也不例外，很多优点如果换个角度看待，就成了缺点。

一个女孩如果性格和顺，当然会招人喜欢。人们用来评价她的往往是“稳当”“自律”“恬静”等积极的词。更夸张一点，她可能被赞为遵守传统美德的典范。

温柔恬静的姑娘，从不会让人担心她出格。听话虽不是坏事，但凡事都有两面性，父母万不可诱导孩子走向了另一个极端，即懦弱和盲从。

一旦把孩子培养成一个没有原则，只会逆来顺受的柔弱女子，问题就严重了。她在班级里变得沉默寡言，不会发表自己的意见；她容易被不怀好意的“朋友”误导或陷害；大扫除或完成集体任务时，别人总是理所应当地派给她最麻烦、最困难的工作，一句“这就是你的活儿啊”便打发了她所有的委屈和困惑……前文也有所提及，自己过于懦弱，就只会被欺负。

这样的姑娘长大后，日子怕会更难过。职场上处处被针对，困难的工作都揽着，出了问题也要自己承担；当妈妈后，在家长委员会里也是常被欺负的对象，有了什么危险的情况，她大概率就是最先牺牲的人，整个世界都仿佛在欺负她。

生活中还有更多危机潜伏在她周围，因为不敢拒绝而被巧舌如簧的销售员哄着买下天价羽绒被，因为轻信他人而被算命师洗脑骗钱……这样的姑娘似乎一生都被牵着鼻子走。

要避免孩子陷入这个泥潭，最重要的事情就是帮助她形成鲜明而坚定的自我意识。**和顺可以作为一个优点，但它只应作用于外表和修养；孩子的内核依然应是刚强而独立的。**

具体的方法就是让孩子去学习一项特长。乐器（如钢琴）、体育运动、烹饪、手工制作等，各种领域都可供选择。关键是让孩子有一技之长傍身，让她知道这个世界上至少有一件事情自己能做得特别棒，且大家都不能小看自己。平时，孩子再羞涩低调也无妨，只要到她最拿手的项目时，她能凭借实力收获惊叹与赞美就行。

通过这个特长，孩子能初步感受到自己强大的内心，为将来的自信打下坚实的基础。然后，她便能把这份自信扩展到其他领域，不畏周遭目光，坚信自己的能力。

有读者肯定要怀疑：“有这么夸张吗？”我就有个真实案例可以证明这一点，这是我朋友女儿的故事。

这个姑娘天生极度内向，光是站在人群前都会头脑空白，从幼儿园起就胆小爱哭。平时的小游戏、运动会简直是噩梦，无论事前如何训练，到了正式活动的日子，她就只会拖、退、躲、哭。

进入小学后，她几乎从不在年级大会上发言，班主任老师提起她都是一副无奈的模样：“这孩子乖是乖，就是太内向了，要是能活泼点该多好啊！”

有一天，命运突然发生转折，孩子在电视上看到了排球世锦赛。她兴致盎然地说：“我也想学排球！”妈妈刚好在家附近找到了排球训练班，赶紧给孩子报了名。孩子邂逅了一方改变命运的球场，跳跃击打，控场穿梭，她打得游刃有余。从此，她变得神采奕奕，意气昂扬。

她的活力与自信远不只在球场上展现，比如她再也不怕在人群前展示自我了，小学六年级时甚至还参加了班委的竞选。女儿的“新生”让妈妈惊喜不已。

帮助一个生命实现它最强的拔节，收获它最动人的奇迹，不正是养育的意义所在吗？方法就是培养她真正的自信，下一步就是执行了，你的孩子肯定也行！

对抗散漫懒惰是一场硬仗

一个散漫的人会有什么表现呢？以下三种情况很常见：

- 他的房间肯定乱七八糟，物品堆放毫无逻辑。
- 他的时间多半管理得一塌糊涂，对迟到和拖延都习以为常。
- 他对着装和发型都不讲究，坐姿是否优雅也毫不在乎。

这其中，女孩也许还能稍微注意一下外表，但她的房间和时间管理肯定一片混乱，言行举止不分场合，没轻没重，甚至毫无礼数。对她来说，如果遇到难关，就选择躲闪和糊弄，反正省心就可以。

更糟糕的是，这种“难得糊涂”肯定也会体现在她的学习态度上。一个动不动就“哎！太难了，就这样吧”的孩子，成绩只可能随着年龄的增长、难度的提升而日渐落后。

养成良好的日常习惯，管理好自己生活的方方面面，是孩子拥有聪明大脑和良好成绩的先决条件。那么，问题又来了。

- 此时此刻，你的家里是干净整洁，一尘不染的吗？
- 开家长会，或向学校提交一些资料时，你做到不迟到、不遗漏了吗？
- 如果当天没有外出的打算，你是不是就随便穿套家居服，看一整天电视，或玩一整天手机呢？

“孩子是父母的复制品”，这个比喻颇有道理。父母的做法，孩子往往潜移默化。父母稀里糊涂、邋里邋遢，孩子肯定也不会条理明晰、干净整洁。

如果父母担心孩子的生活状态，那不如先停下来，审视审视自己，有则改之无则加勉。

肯定也会有妈妈反驳：“那不可能！我把什么事都打理得井井有条的。”

如果这位妈妈没说假话，那问题就只能指向另一种可能性了：妈妈的好习惯和好修养并没有真的教给孩子。比如孩子把东西胡乱放在客厅地板上时，妈妈顶多唠叨一句“吸尘器都展不开啦”便作罢，最后还是妈妈自己来归整和打扫。

孩子的散漫不会给她带来任何后果，无论她怎么折腾，大人都会来收拾残局。既然如此，父母凭什么期待她有一天能“自学成才”呢?

还是那两句老话：

“父母做好表率。”

“发现孩子有问题就立刻纠正。”

要切实根除孩子的懒惰与散漫，这两句老话就是最正确的答案。在这两个基本认知之上，父母还要辅以一系列具体的指导，才能真正有效。

要教孩子彻底养成收纳整理的习惯，父母可以先告诉孩子一些基本的原则，然后每个月或每两个月安排一次大扫除。到了大扫除的日子，孩子就和妈妈一起把东西清理出来，决定好哪些要留、哪些要扔，然后趁机把日常保洁时够不到的地方打理干净，最后把所有东西分类收纳。

很多家庭在新年前都会安排年终大扫除，我说的这种月度大扫除可以是其精减版。父母要把它做出仪式感来，让孩子充分参与，乐在其中，逐渐形成“住在整洁的家里真舒服”的意识。

想让孩子养成守时的好习惯，前文提到的日程本是个不错的工具。我们也可以在家里找一个显眼的位置，贴上日程表，在上面记清楚兴趣班的上课时间，以及各种资料提交的截止日期。一目了然，时时监督。如果按时完成了一项任务，就贴上一张可爱的贴纸，以示嘉奖。

这些小妙招并不难，却能给孩子带来极大的鼓舞，让她们养成守时的好习惯。

想让孩子在各种场合都有良好的举止和修养，也需要父母处处留心与时时提醒。比如在地铁上看到文明或不文明的行为时，父母都可以让孩子判断对错并分析原因。看待问题越客观，理解就越透彻，落实也就越到位。

切记，小孩变懒是件很容易的事，但以后还想改，就难如登天了。早教育、早定型，父母才能早安心。

骄纵蛮横要不得

孩子不会十全十美，有缺点在所难免，但在各种各样的缺点中，最具有迷惑性的就要数女孩的骄纵与蛮横了。

有些妈妈会抱怨：“女儿是有些顽皮固执，让人头疼。”但大多也没正视这个问题。那些甘愿做“女儿奴”的爸爸更是不以为然，甚至反而认为：“女孩子就是要骄纵些才可爱啊。”

然而，父母的溺爱往往会蒙蔽其双眼，使其难以识别骄纵和童趣。一个孩子变得骄纵，肯定与溺爱纵容她的家庭有关。沉醉于这种养育模式的父母，自然不可能醒悟，也不会下决心不再溺爱孩子。但这个世界从不纵容任何人，她将来遇到的人能处处忍让她的骄纵吗？

答案当然是否定的。

女孩的小小世界里也需要处理人际关系。她可能被朋友们疏远："那个自以为是的家伙是谁啊？咱别跟她玩了。"她也可能被嫌弃："她脾气真暴躁，好恐怖。其实我也讨厌她！"

进入社会后，才是磨难的开始。除非她真有过人的才华或美貌，否则很难有人会接纳和喜欢她。想想看，一个姑娘如果被人评价为"自私自利""傲慢""目中无人""没有情商""分不清场合"，妈妈还能若无其事吗？

怎样避免让孩子成为骄纵的人呢？

首先，妈妈要正确应对她的要求与欲望。妈妈必须改掉那些言听计从、有求必应的习惯。不能让她随心所欲、口无遮拦。另外，其他家庭成员也要配合，千万不能妈妈定好规矩，其他人说改就改。所以爸爸、爷爷奶奶、外公外婆都要克制自己对孩子过度的宠爱与迎合。

其次，有一个极好的方法能帮助孩子同时学会忍耐、等待、呵护、温柔，那就是照顾他人。这里说的他人可以是小狗、小猫、仓鼠、热带鱼、鹦鹉、小西红柿、观赏植物……只要有生命，任何动物或植物都可以成为她关照的对象。

对待这些动物或植物，孩子的骄纵蛮横通通没用，每天的任务必须完成。养了小狗就要带它外出散步、给它喂食，养了植物就必须浇水，否则就会枯萎。这确实麻烦，也很辛苦，但不做不行。面对这些小生命，孩子是无法以自我为中心、随心所欲的。

作为报答，动物和植物也会回馈给孩子快乐与欣喜。猫狗会讨好和亲近小主人，用可爱的表情与动作抚慰她。植物会开出娇艳的花朵，甚至结出丰硕的果实。有回应的爱最能激励人，在这一次次的信任与呵护中，孩子能体会并习得真正的温柔。

另外，让孩子去照顾比她更年幼的小孩，也是一种宝贵的经历，能进一步让她理解温柔与爱。小宝宝是没有道理可讲的，无法顺着别人的心意行事。明明没有答应玩玩具，他就已经自顾自地搭起了积木；外面风雨交加，但他就是大吵大闹地要去公园玩。

多子女家庭里的姐姐通常都聪明懂事，就是这个道理，因为她们从小就得跟顽皮蛮横的弟弟妹妹们“斗智斗勇”。

正因为我们爱孩子，所以不能害了孩子。因此，才要告诉她在这个世界上最重要的一件事情：“不要以自我为中心。”

女孩也需要拼搏精神

我常听人感叹："现在的孩子啊，意志力太弱了！"这句话并不夸张。甚至有些孩子认为："世上无难事，只要肯放弃。"不要以为只有男孩才没有耐性，女孩也常常三天打鱼，两天晒网，锻炼孩子的意志力迫在眉睫。

为什么日本小孩变得这么懒惰懦弱？教育环境和制度肯定有问题，但家长更难辞其咎。是大人的纵容让孩子觉得自己拥有的一切都是天经地义的。

这代孩子都出生并成长于一个物质富足的时代，生活的基调是安乐与安定，想要的、想做的、想见的唾手可得。她可以像一只嗷嗷待哺的小鸟一样，张嘴接过父母投喂的食物。但温室里的小花，怎能瞬间茁壮？没了父母遮风挡雨，她们又怎能学会应对世间的挫折与挑战？

我们需要让孩子明白什么是延迟满足，不能总把欲望当命令，道理浅显，然而知易行难。另外，父母是否思考过，孩子为什么需要忍耐力？忍耐力的意义究竟在哪里？

在一些困难时期，由于客观条件的限制，所有人都必须学会忍耐。但如今，客观条件已经不错，又何必培养孩子的忍耐力呢？我的回答是：**学会忍耐，是为了实现目标。**

女孩必须用奋斗的力量武装自己，向着目标一路前进。当她快被压垮时，当道阻且长时，越会忍耐，离目标就越近。

忍耐力和上进心是两种强相关的特质。孩子越上进，就越需要也越能够忍耐。有了上进心，再痛苦的训练、再艰难的挑战，都不在话下。

所谓求上进，就是有梦想。打磨一个孩子的上进心，就必须让她设立一个目标，并督促她为此去忍耐疼痛和失落，获得成就与光荣。

所以我建议孩子们都去学习一种乐器，如钢琴。琴童们必须苦练基本功，不厌其烦地纠正指型、手型。除此之外，启蒙阶段还有大量的基础练习。孩子几近放弃时，妈妈要用恰当的方法让她坚持下去，等待曙光初现。当孩子熬过了一首又一首练习曲，终于能弹奏出像样的作品时，妈妈一定要不吝赞美。这将成为积极的学习体验，激发出她更强的上进心，让她有勇气挑战下个难关。

学乐器时要制定目标，越具体越好，如“明年的汇报演出，我要弹一首比今年难得多的曲子”“某某比赛中我要拿到奖”等，目标明确，才能激发出强大的忍耐力。心愿成真时，也会给她带来无与伦比的成就感，从而进一步强化忍耐力。

拼搏精神如同一所房子，它的支柱就是忍耐力，两条房梁就是上进心和成就感。这“一柱二梁”构建了强有力的支撑系统，让拼搏精神坚不可摧。三者缺一不可，否则仅凭单纯的忍耐力，孩子也很难坚持。

孩子如果能形成超凡的忍耐力，定能百折不挠。除了学习方面，将来进入社会后，她也一定可以智勇双全、战无不胜。

孩子可能完全不喜欢钢琴，那我们就陪她不停地尝试，直至找到那个能点燃她激情的项目。

脚踏实地，不做精神上的巨人

总说空话的女孩，大致有两种类型。

一种是精神上的巨人，行动中的矮子。父母提醒她“快去把作业做了”，她能立刻答应却迟迟不动，临睡觉时才发现作业只字未写。父母提醒她要按时给植物浇水，她嘴上说着“知道啦”，但实际上根本不上心。

这样的孩子，唯一的优点就是态度端正。但她在班里一定不受信任，团队领导分配任务时，绝不敢重用她。孩子还可能不以为然：“无所谓啊，谁爱干就干呗！”父母看着孩子无所谓的样子，也无可奈何。

如果你的孩子是这样的，那么你就需要事事给她设定截止时间，并监督她采取行动，把事情落实。

既然规定好了晚饭前必须做完作业，那么不做完作业，就意味着不能吃晚饭；如果规定早起第一件事就是给植物浇水，那么不浇水就不能吃早饭。有了时间约束，我们就能切实追踪进度，防止孩子只说不做。

还有一种说空话的孩子，典型特征是爱吹牛皮、说大话。仿佛自己天文地理无所不通，什么话题都能插一嘴，处处期望他人的关注与赞美。

朋友聊天时，她总是随便地插嘴“这个我知道，听我讲”，然后大肆显摆，连大人聊天时她也要卖弄一番。

女孩也许真有一些见识，或听过些许传闻，不过也是浅尝辄止或捕风捉影。开始人们还可以忍耐，久而久之，大家必定腻烦和嫌弃。更有甚者，没人再相信她的话，大人更会厌烦她：“这孩子怎么总是哗众取宠？”

高知家庭容易培养出不求甚解的孩子来，因为这些父母相信“知识是一种修养”，于是更容易陷入填鸭式灌输知识的误区。其实，囫囵吞枣地学习，远不如亲力亲为地实践。后者才更加立体、深刻，能化作真正的精神财富，让孩子受用一生。

孩子问：“做蛋糕时，怎么才能让面团膨胀起来呢？”我们不要只是提供理论解释：“蛋白要充分打泡，烘烤时，气泡内的空气才会膨胀，蛋糕也就能膨胀起来。”妈妈不如带孩子亲手烤一次蛋糕，道理便不言自明了。

孩子如果想了解贝多芬，就给她一张CD，或带她去音乐厅欣赏现场演奏。

每一个兴趣点，都可能是打开知识殿堂大门的一把钥匙。我们不要让孩子只在门外徘徊，而应该带她走进去，深入体验。父母要常鼓励孩子："这个不如亲自做一下。""那你去研究一下这是怎么回事吧！""自己听听看呢？"如此，她才明白"纸上得来终觉浅，绝知此事要躬行"。

不懂装懂会让孩子变得浅薄虚荣，而且还有一个严重的后果，父母一定要明白。

一旦孩子习惯了不懂装懂，就会虚张声势，然而虚张声势发展到极端就会变成一种欺骗。

大人的世界里，有太多这种假装高端和优雅的人。她们动不动就炫耀"某某奢侈品牌的包背着真舒服啊！""我买菜都要去高档商场买"。但实际上，她们从来没有买过那个品牌的包，买菜也只能去普通超市，还需要和人一起争抢打折商品。

习惯了欺骗，等待她们的自然是信用破产与形象崩塌。更有甚者，宁愿去借民间高利贷，都要努力维持表面的奢侈，遮掩自己的谎言。

更糟糕的是，人一旦撒谎成性，自己就也会变得疑神疑鬼，做什么都没有安全感。她亲手撕碎了自己和这个世界之间的信任，活得杯弓蛇影、草木皆兵。

所以，只要我们发现孩子有撒谎的倾向，就要立刻指正，让她明白这是一件百害而无一利的事情。

不用草木皆兵，但一定要把道理讲透："撒谎只能让我们心虚和难堪，带不来任何真实的好处。而且撒一个谎，就需要好几个谎来圆，如此恶性循环下去，人只会越来越痛苦。那不如一开始就做个正直诚实的人，对不对？"

如此，孩子才会在心底里形成正确的是非观，明白撒谎是绝对不可以的。

老师不喜欢女儿，怎么办

小学阶段，每每到了新学年，妈妈们最关注的就是孩子班主任的人选了，因为老师将给孩子的学习和成长带来深远的影响。

如果是口碑好的老师分到孩子班上，妈妈便欢欣雀跃；但如果是口碑不太好的老师教自己的孩子，妈妈恐怕眉头紧锁。

小孩也有自己的判断，很清楚自己跟老师合不合得来。进入叛逆期的女孩尤为"泼辣"。她们直来直去："这个老师还凑合，但那个就真是差了点劲。”

老师也是人，有自己的喜好，对自己喜欢的孩子不免多几分温柔和耐心。

如果孩子对你说：“真不公平！我们都犯了一样的错，但老师就从不骂某某同学。”听到了孩子对老师的埋怨，父母怎么回应才好呢？

有的妈妈怒气冲冲：“岂有此理！我女儿凭什么要受这委屈？”于是立刻跟学校对峙：“老师太过分了！如此偏心！”我们就假设老师的言行的确有失，但细想一下，一个知错而犯错的人又怎会明理？老师可能就不认为，也不会承认自己有错。

可老师如果当场反思并致歉，那就皆大欢喜了吗？非也。老师或许会形成一种印象：“这家长真是个‘孩奴’，就爱小题大做瞎折腾！”接下来他和孩子的相处可能更让人担心。如果老师心胸狭窄，还可能在期末评定表上动手脚。

但走另一个极端也不行，不要对孩子说：“别多心！老师不是那个意思。反正在学校呢，听老师的就对了。”

作为一个成年人，在社会生活中我们不得不学会圆滑甚至妥协。前段时间的流行语“打不过他，就加入他”正是这种生存哲学的代表言论。但对于天真稚嫩的孩子们来说，这个道理过于艰深了。他们很单纯，大概率会把这些思想解读为极端的“成王败寇”，于是不再坚持正义和道义，反而相信趋炎附势和欺软怕硬。

久而久之，孩子便感到深深的无奈和无力，逐渐丧失自信和自我。

世界上当然也有正直清醒的孩子，但他们就更看不起大人的心机和懦弱了。听得越多，便越不信任父母，认为父母完全不懂自己。从此，她会选择封闭自我，不再跟父母聊学校的事。亲子间生出一道深深的鸿沟。

进退维谷，父母要怎么做才好？

重要的是要教孩子客观全面地看待问题，不要用一个错误去否定老师全部的能力与人格。

妈妈可以说：“很遗憾，老师的确是做错了。但这个老师很会教算术，其他方面也尽心尽力。我们再难过也还是该承认他的优点的，这样才公平，对不对？”

作为一个教育咨询师，我独立于家庭和校园之外，不妨让我从第三方的视角提供一个两全其美的话术。父母当然可以批评老师的错误，但同时也要维护好师生关系，别让孩子的期末评定受连累。

这个话术乍一听有些复杂：“老师应该有他的考虑，我们做好自己该做的，暂时就先听他的话吧。不对！我也觉得他的做法不好，哎！妈妈一时也搞不懂了。”

这话着实矛盾，主旨看似是要孩子听老师的话，但实际上又在否定老师。不用担心，这种沟通对女孩完全行得通，她们能理解妈妈的态度，分得清一段话的弦外之音。男孩听到这些话，或许一片茫然，但女孩总是听得懂话里话外的意思，知道如何灵活应对。有了这种特技傍身，她们的生活便顺风又顺水。

其实各位妈妈，特别是家委会的成员，对这种话术应该深有体会。家委会有时充满压力和矛盾。明明大家都是委员，但分工和职务的不同能带来完全不同的体验。有人总能糊弄了事，还让人抓不到把柄；但也有人无可奈何地做事、担责。

家委会面对学校的要求其实常常左右为难，家长们内部就众口难调。如此境遇下，家委会的运转，靠的就是妈妈们的说话智慧。“他不通融”被说成“他也有苦衷”,“这事办不了”被说成“咱得等个好机会”……总之要尽量调和，而不升级矛盾。事实和表达虽相去甚远，但最后的效果却是：既表明其意，又让对方心悦诚服。家委会如果让爸爸们运营，恐怕会斗得头破血流。

掌握一定话术就是花巧劲办大事，我想这是当代人的处世大智慧。妈妈们觉得如何？

巧破女孩的人际压力

男孩间的关系比较单纯，从幼儿园开始能一起玩到高中，但女孩间的相处就跌宕起伏了。一些人认为，小学低年级女孩的心理年龄与大人相仿。所以，女孩之间的相处相对复杂，嫉妒与怨恨也并不少见。

最具代表性的就是女孩内部的小团体。虽是同班，女孩却容易分成多个小团体，彼此对立竞争。这种现象曾经只见于中学，但现在居然已蔓延到了小学低年级甚至幼儿园。

各个小团体之间是有严格界限的。孩子一旦选了某个团体，就得对此“忠诚”。从此，上学、回家和换教室上课时的同路人、放学后出去玩的伙伴都必须在小团体内部选择，否则就是“背叛”。

这种团体可能还有不成文的规定：女孩在课间去厕所时，必须找个挚友一起。男孩对此百思不得其解：“这是为什么？不麻烦吗？”其实女孩心里也有同样的困惑：“上厕所而已，为什么非要找个同伴？”但她们时刻谨记潜规则，不会出格。一旦女孩真的独自上了厕所，很可能要被其他人嘲笑：“她好可怜！都没有团体接收她。”

当然，并不是每个女孩都这么小心翼翼。肯定有班级是其乐融融、团结向上的；肯定有孩子能与所有人都友好相处，不存在人际交往的难题。

但哪怕看上去很正常的女孩，她所面对的人际关系也比我们小时候要复杂得多。父母要看到女儿的痛苦，理解她的挣扎，才能抓住问题的核心，在关键时刻帮助她，而不是拖后腿。

如果孩子异常苦恼，妈妈一定要问问：“最近和同学的相处还好吗？”

只要孩子开口“哎，事情是这样的……”，我们就不要打断，只需用眼神和肢体语言展示出专注倾听的神态就好。孩子倾吐时，大人别急于评价、打断，这点最为重要。

很多烦恼只是需要一个发泄的出口，孩子在找的可能就是个“树洞”而已。此刻的她不安、失落、疲惫，能拯救这一切的是“妈妈会保护我”和“有困难就找妈妈”的笃定感。

如果女儿明确向妈妈求助，妈妈当然也可稍作指点。但我们的话都只是建议，而不是命令。千万不能武断地命令孩子：“那种孩子不能处，以后别跟她玩了！”你把孩子推到死胡同里，让她在妈妈和朋友间二选一，自以为解决了问题，其实是在给孩子更大的压力。

我建议的开场白是：“妈妈是这样想的……”“我遇到这种情况，可能会这么做……”有这样一番平等又温和的分享便足够。

我理解，当孩子极度苦恼时，妈妈肯定焦急万分。但妈妈们不用过于焦虑，眼下的情况只是暂时性的。不用等到升学，孩子在小学期间就有机会迎来班级重组。中学、大学的校园生态更是截然不同。孩子在未来有太多机会，邂逅到真诚且知心的朋友。

回想我们自己的经历，是不是在初中时交到过亲密无间的好友？现在的挚友中，是不是也有高中时才认识的？人生那么长，眼下的挫折迟早都会烟消云散，我们当下完全不必恐惧或哀愁。

不过，校园霸凌另当别论。除此之外，父母只需要助推孩子，像放一条小船去追逐它自己的河流一样，父母能提供的是它搁浅时的救生艇，而非一根束缚它的纤绳。孩子一定会在湍急的水流中找到自己的方向与节奏。她将学会辨识和品味人间百态，构建起她自己的原则，定义好她自己的处世风格。

女儿遭遇校园霸凌，父母怎么办

孩子遇到校园霸凌，父母必须做什么？

第一件事是要确定霸凌的严重程度，判断把问题放到哪个高度去解决。轻则可跟班主任聊，重则需要跟对方父母沟通，甚至要在全班、全年级范围内解决。父母应坚持的原则是厘清事实、辨明道理。且无论沟通的对象是谁，父母都必须让他拿出解决方案来。否则霸凌只会越来越严重，无法根治。

沟通时，父母要牢牢记住：犯错的是施暴方。无论有什么理由，霸凌十恶不赦，父母坚决不能接受“受害者也有罪”的思想。

面对轻微霸凌，有些妈妈容易忽略问题的本质。妈妈可能大而化之：“没事儿！大不了咱不理这种恶霸就是。”

我真是怒其不争。忍让，只能换来变本加厉的欺负。无论父母自己多么忍让，只要孩子遭遇霸凌，就必须找班主任或对方父母表达清楚态度，从一开始就把霸凌的苗头熄灭。

还有一类父母信奉以暴制暴。他们会说："你要变强大、凶狠，把他收拾得服服帖帖地！要不然你这个窝囊样子，活该被欺负！"然而，这种"弱者就该被欺负"的威胁只是在孩子的伤口上撒盐。

孩子痛悟了，原来是因为自己无能，所以才被欺负。然后她会否定自己，也对父母失望——那你们为什么就不能救救我呢？！亲子间又生出一道鸿沟。

我也理解父母的苦心，这个世界有其残酷的一面。但我们的目的是解决问题，而不是无所顾忌地给孩子施压。

理论上，我们首先应根除霸凌行为本身。但很多研究班级社交文化的书都认为，被欺负的孩子常来自经济条件欠佳的家庭，或容貌平平、缺乏判断力，或懦弱、服从性强，甚至盲从。所以，我们若能让孩子形成独立的判断，让她变得有主见有立场，那么她就能变得强大而自信，自然就能远离霸凌了。

父母不要只喊口号"你要变得更强！"，而是需要牵引和辅助她迎难而上，一步步走下去，真正变得强大起来。

这才是父母能给的最有力、最温暖的保护。

第 8 章

给孩子的幸福哲学

不是所有父母都会爱孩子，但孩子一定爱父母

过家家游戏几乎让每个小女孩着迷。当今市场上的扮演类玩具令人眼花缭乱，有的甚至精致得如艺术品。但玩耍方法万变不离其宗，孩子们还是如几十年前一样，用玩具菜刀在玩具菜板上切着假食材，在玩具锅里炒煎炸蒸。最后孩子还会按家里人数盛饭、盛菜，并扯着嗓子通知大家："开饭喽！来吃饭吧。"她们能活灵活现地模仿妈妈："赶紧啊，再磨蹭菜都凉了！""这孩子也不看着点，吃饭都不仔细！"

孩子在游戏中的表现能映射她接收到的家庭教育，总被催促的孩子会在玩耍时复刻妈妈的抱怨。她会非常入戏，有机会就要催促一起玩的朋友："磨蹭什么呢？给我动起来。"当妈妈们从孩

子嘴里听到自己的台词时，心中也会一紧吧。原来我们那些“烦死了，怎么就你这么慢”和“还在傻等什么”都被深深刻进了孩子心里。

在过家家游戏中模仿妈妈的女孩其实是在学习。生活中，她们无意识地记录着妈妈的行为，理解消化后在游戏中表现出来。这种观察能力对于学习来说也至关重要，从这点来看，过家家也是有益的思维训练。对此很多书都有论述，这里就不赘言了。我看到这些可爱的过家家游戏时，心中不禁生出别样的感慨：“女孩果然最爱妈妈。”

孩子们“继承”妈妈那些催促类的口头禅，其实只是无心之举。不过女孩确实会留心模仿妈妈的一言一行，好的坏的都会消化吸收。只因这是妈妈，且她们最爱的人就是妈妈。男孩通常想赢过父亲，但女孩却会从心底里追随母亲，希望成为妈妈那样的人。

女孩的心很单纯:“我喜欢妈妈，妈妈怎么做，我就怎么做。”所以对妈妈，她们有样学样。

我希望所有养育女孩的妈妈都能做好表率，无论是社交礼仪还是爱好习惯，都不落下。妈妈可以把自己喜欢的事物展示给孩子，亲自讲解它们的魅力与意义。

女孩看到妈妈开心做饭的样子，自然也会爱上烹饪；看了妈妈精心栽培植物的过程，也想亲自照顾一番；看到妈妈沉醉于编织手工中，也兴趣盎然、跃跃欲试。

对女孩来说，最好的榜样就是一个不懈奋斗且乐在其中的妈妈。当妈妈享受一项工作或爱好时，也在传达一种乐观的心态。妈妈用爽朗化解了过程中的辛苦，让孩子看到什么叫作坚持，于是孩子也能笑对人生。

有些妈妈会不时抱怨：“我为什么就是不觉得孩子可爱呢？”“小孩真的好烦，我搞不定也受不了了。”其实她们的问题很可能不在当下，而在遥远的过去。当这些妈妈也还是小女孩时，就没有被自己的母亲真心疼爱过，所以心里那块本该记录母爱体验的地方是空白的。她们的感受是妈妈不爱自己或童年就只有被逼着做题和学习。

这些妈妈需要的是心理咨询师的专业帮助，去解开心结、疗愈心伤。但我要说的是，即便妈妈自己的内心千疮百孔，也依然能获得孩子无瑕的爱与依赖。

所以我们才常说：“世间也许有不爱孩子的父母，却没有不爱父母的孩子。”

一位妈妈有个上小学六年级的孩子。有一天，孩子问她：“妈妈，你喜欢自己的生活吗？”妈妈回答：“当然喜欢，我很满意！”孩子的脸上立刻涌上欢喜：“真棒！那我就什么都不愁了！”孩子的眼里满是妈妈，什么事都不如妈妈的感受重要。这样的懂事能化解妈妈周身的困顿与苦累。

你身边总有一个人，爱你胜过一切。你幸福，她便幸福。那就是你的孩子。这个道理简单又感人，真的值得我们时刻铭记，并为它放下所有的纠结和苦闷，开怀走下去。

其实你的笑容就能融化寒冰，让所有梦想都变成美丽的现实。对孩子的成长来说，这胜过一万句“给我去学习”。

妈妈的幸福从哪里来

人活一世，白云苍狗，走过万水千山，到底是为何而来？每个人在青春期或陷入困境的时候，多少都为这个问题困惑过。

从哲学的角度审视，答案纷繁不一。我认为有两点最为重要：

- 我们是为了经历一场正向（或曰美好）的成长才来到这个世界的。
- 我们的一生是为了将这场美好亲自传承下去。

现在日本女性的平均寿命是 87 岁（此为 2017 年数据）。很多健康长寿的老奶奶们要长命百岁也不是空想。

生活的目的、幸福的奥义其实就在这漫长的人生里，在其中源源不断的领悟和进步里，在比昨天更好的今天和比今天更好的明天里。

我们要的远不止健康的躯体，还有由好奇心引领的丰满灵魂，还有帮助我们获取并体验一切美好的强大感知力。

但遗憾的是，好奇心与感知力是青春期的两门必修课，一旦错过，很难“补修”。正因为它们的敏感期稍纵即逝，所以我们一定要在当下，扎实帮助孩子强化好奇心和感知力。

当今时代，女性觉醒，社会各行各业都能欣赏到女性的风采。曾经被男性主导的领域，也出现了女性管理者。论职场表现，女性其实比男性更优秀，做事也更为周全。对此，很多企业也不得不承认。

这一代小女孩面对的世界将更加公平和自由，她们可大胆追求梦想中的地位与报酬。在她们妈妈的孩提时代，这些理念都还是空中楼阁。妈妈们听着“你迟早要嫁人的，读这么多书又有什么用”长大，不过现在已欣然发现自己的女儿竟然可以拥有广阔的天空去展翅翱翔，不由得激动万分，对女儿也更加严厉。妈妈们开始为孩子的成绩患得患失，“学习”二字终日不离口。

幸而女孩本就有积极上进的天性，所以总能顺着妈妈的要求刻苦读书。她们从牙牙学语起，就开始军事化的学习训练。等到了大型考试前夕，废寝忘食般整本整本地背书。勤奋刻苦却不得其法。

但女孩卓越的服从性，配上妈妈极端片面的“领导力”，也让孩子们痛失了培育好奇心和感知力的机会。这样的女孩是当之无愧的学习高手，但在感受和享受人生方面却并不擅长。她们缺乏敏锐的感知力，对近在咫尺的美好事物也毫无兴趣，活得辛苦又寡淡。她们中的很多人甚至意识不到自己只是在假装生活，扮演着一个无知无感的角色。

另外，当一个这样的女孩的私人生活毫无波澜和趣味时，她自然只能沉浸于工作，用任务和业绩填满时间，麻痹自己。交往圈子无比狭小，多半也遇不到灵犀相通的另一半。如此，她很难有机会当妈妈，呵护和陪伴新生命的成长。我刚才所说的生命的第二个意义“把这场美好亲自传承下去”也就无从提起了。

当然，人生的意义太广阔了。即使不结婚，也能光芒万丈或至少怡然自得地走完人生，前提是有个艺术爱好可供自己消遣和慰藉。

有的人虽没孩子，却有自由的时间。她可以去剧场畅享一场演出，或去演唱会现场痛痛快快地听歌；哪怕就待在家里侍弄花草，也有源源不断的乐趣。这一点是有孩子的人羡慕不来的。

但是一台麻木的“工作机器”，是抓不到也留不住这些有趣的小快乐和小成就的。

更糟糕的是，孩子在本应培育好奇心和感知力的关键时期却被妈妈囿于学习。把女儿推向孤独境地的妈妈却还理直气壮地催婚："个人问题得抓紧解决了啊！还要我等多久？""我怎么还没抱上外孙！"这场亲子关系，似乎永远陷在母亲的苛求和女儿的疲惫中。孩子一直在苦苦追逐母亲提出的一个又一个目标，但妈妈对女儿任何阶段的表现都不满意或难释怀。最后，母女两败俱伤。

良言逆耳，希望读者朋友们铭记，因为这确实就是血淋淋的事实。我们要以此为戒，重新思考养育女儿的方法。

读到这里，我相信聪明的大家都已明白，**养育女儿最关键的一步就是培育她们的感知力。**

让我们和孩子一起感叹和惊艳于身边所有的美好吧，不辜负女孩得天独厚的想象力，赞美她们敏感灵动、天马行空的想象。日常生活的各个微小细节里藏着无数机会，能让我们帮助孩子打造非凡的感知力。

在此基础之上，再进一步帮助女儿激发和强化其他方面的魅力，找到上天为女孩开的每一扇窗，以及窗外的万千风景和无限可能。这包括她们由内而外的高洁品质、精妙传神的表达能力、独立准确的判断能力……其中任何一点都非一朝一夕之功，它们有如天边的云霞，璀璨又遥远。就在此刻，趁孩子尚小，让我们扬帆启航吧。

追求遥远的美好，任何时候都不晚，不过现在恰到好处。

8 条锦囊妙计
献给家有叛逆期女儿的妈妈们

第 1 条

培养丰富的感知力

第 2 条

训练感受幸福的能力

第 3 条

好修养越早培养越好

第 4 条

好的举止需要不断纠正

第 5 条

激发女孩天生的
坚韧之力

第 6 条

常夸“可爱”，
给足女孩安全感

第 7 条

教女孩学会
说“不”

第 8 条

让女孩自己
做决定

养育的意义是什么

成为教育咨询师之前，我也是一名普通男子。要让我去写一本怎么养育女孩的书，简直让我不知所措。世人常说，男人至死不懂女人。只因我们不是女人，很难真正理解女人。

我后来走入了教育行业，成了一个教育者，才有幸写就了这本有关女孩教育的书。但此书依然出自男性之手，所以它所说的独特的女性魅力、价值和成长云云，其实还是无法脱离作者自身的性别与视野局限。

我已结婚，育有一儿一女，这样的幸福让我不由得感叹年轻时的好运气。那时妻子还是我的女友，感谢她的偏爱，与我相爱。我学哲学出身，满口道理和逻辑，与浪漫和情趣无缘。幸亏女性都有得天独厚的感知力，总能从细微处发现他人的闪光点，所以哪怕面对我，也能“情人眼里出西施”。多亏她的理解与温暖，我也才有幸进入爱情的世界，去体会爱与被爱。在爱情的世界里，我们爱的人身上就有我们自己的影子，因为我们会向他们投射自己的喜好与需求。有幸懂得这一切的人都是幸福的。

我发自肺腑地感激妻子。她来到我的生命中，就是我莫大的幸福，更何况她还为我带来了两个孩子。我们小家里的所有幸福，都源自这位伟大的女性。

身为父亲，我不能免俗，常暗想："我女儿真是世间第一可爱！比我老婆还可爱。"但两个宝贝能降临于世，都是妻子的功劳。没有她，也就没有这两个比她本人还可爱的孩子。于是我忍不住再一次由衷地感恩于她的存在。

我也有男性好友，他们给我的帮助让我深深感谢。但在我心中，经历了生育之苦的妻子永远是无可替代的。

女孩将来大抵都会成为母亲。丈夫、亲友，乃至整个社会都应感激她们的付出。仅凭生育这一点，女性就功德无量了。这条路的起点在她们 8 岁左右变得明晰。此时的她们正式起跑，准备进入青春期。

对于生儿育女来说，女性一旦成为妈妈，就已经迈出了成功的第一步。只是漫长征程还远未结束，小小的女儿还需母亲的悉心教导、全力呵护。如果有一天女儿也当上了妈妈，走完了自己从起跑到成功的第一步，到了那一刻她的妈妈就可以功成身退了。

什么样的妈妈才是一个好妈妈呢？如果女儿也想成为你这样的母亲，那么你的教育就肯定是成功的。所以请铭记，你的女儿也可能会当上别人的妈妈，眼下你给她的教导、示范、鼓励都将代代传承，薪火不息。这是教育的终极目的，也是我写作本书的根源和理想。

本书是《10 岁，男孩关键期》的姐妹篇，初版发行之后不久，日本文部省便对高校录取制度进行了大刀阔斧的改革。这场改革的方向很明确，孩子们已经不能仅靠“刷题”就能进入大学了。在扎实的学科能力基础上，孩子们还要重视创新能力、表达能力、分析能力和语言能力的综合性提升。

常言道，好奇心是做学问的基础，而好奇心的基础就是感知力，是能够敏锐接收和消化外界刺激的能力。

缺乏感知力的人，自然也无法发现和品味身边的乐与趣，欢与喜。他在很多时候都是麻木迟钝的，即使家财万贯，也体验不到真实的人生。换个角度，他的一切如海市蜃楼，灵魂被架空，整个人生意义寥寥。

感知力不凡的人，却能体验另一种生活。他可以从简单清贫的日子里发掘甚至亲手创造出感动、震撼自己的作品或时刻。比如他知道什么菜能抚慰自己的心与胃，亲自下厨洗切蒸煮，用人间美味疗愈自己。这种能力当然也可以让他的大学申请材料胜人一筹。

本次再版工作让我再次通读了一遍书稿。看着这些激扬的文字，听到自己的呐喊——请父母们重视对女孩感知力的培养，且切实帮助她提升感知力。我不禁为自己“振臂高呼”的模样感到些许难为情。但转念一想，在这个浮躁的世界里，又有多少人会如此苦口婆心，甚至声嘶力竭地跟父母们强调感知力的重要性呢？所以姿态无所谓，效果最重要。我声嘶力竭，无怨无悔。

希望这本书能为读者朋友们的养育做参谋。更希望天下父母能和孩子们一起从容成长，美满生活。

再次向读到这里的朋友表示最诚挚的感谢。

松永畅史

2019 年夏至

未来，属于终身学习者

我们正在亲历前所未有的变革——互联网改变了信息传递的方式，指数级技术快速发展并颠覆商业世界，人工智能正在侵占越来越多的人类领地。

面对这些变化，我们需要问自己：未来需要什么样的人才？

答案是，成为终身学习者。终身学习意味着永不停歇地追求全面的知识结构、强大的逻辑思考能力和敏锐的感知力。这是一种能够在不断变化中随时重建、更新认知体系的能力。阅读，无疑是帮助我们提高这种能力的最佳途径。

在充满不确定性的时代，答案并不总是简单地出现在书本之中。“读万卷书”不仅要亲自阅读、广泛阅读，也需要我们深入探索好书的内部世界，让知识不再局限于书本之中。

湛庐阅读 App：与最聪明的人共同进化

我们现在推出全新的湛庐阅读 App，它将成为您在书本之外，践行终身学习的场所。

- 不用考虑“读什么”。这里汇集了湛庐所有纸质书、电子书、有声书和各种阅读服务。
- 可以学习“怎么读”。我们提供包括课程、精读班和讲书在内的全方位阅读解决方案。
- 谁来领读？您能最先了解到作者、译者、专家等大咖的前沿洞见，他们是高质量思想的源泉。
- 与谁共读？您将加入优秀的读者和终身学习者的行列，他们对阅读和学习具有持久的热情和源源不断的动力。

在湛庐阅读 App 首页，编辑为您精选了经典书目和优质音视频内容，每天早、中、晚更新，满足您不间断的阅读需求。

【特别专题】【主题书单】【人物特写】等原创专栏，提供专业、深度的解读和选书参考，回应社会议题，是您了解湛庐近千位重要作者思想的独家渠道。

在每本图书的详情页，您将通过深度导读栏目【专家视点】【深度访谈】和【书评】读懂、读透一本好书。

通过这个不设限的学习平台，您在任何时间、任何地点都能获得有价值的思想，并通过阅读实现终身学习。我们邀您共建一个与最聪明的人共同进化的社区，使其成为先进思想交汇的聚集地，这正是我们的使命和价值所在。

浙江省版权局图字：11-2023-334

图书在版编目（CIP）数据

8岁，女孩关键期 /（日）松永畅史著；赵学坤译
.— 杭州：浙江科学技术出版社，2024.3
ISBN 978-7-5739-1126-1

Ⅰ.①8… Ⅱ.①松… ②赵… Ⅲ.①女生—青少年教育—家庭教育 Ⅳ.① G782

中国国家版本馆 CIP 数据核字（2024）第 037924 号

书　　名　**8岁，女孩关键期**
著　　者　[日] 松永畅史
译　　者　赵学坤

出版发行　**浙江科学技术出版社**
地址：杭州市体育场路 347 号　邮政编码：310006
办公室电话：0571－85176593
销售部电话：0571－85062597
E-mail:zkpress@zkpress.com
印　　刷　唐山富达印务有限公司

开　　本 880mm×1230mm 1/32		**印　　张** 6.375	
字　　数 120 千字			
版　　次 2024 年 3 月第 1 版		**印　　次** 2024 年 3 月第 1 次印刷	
书　　号 ISBN 978-7-5739-1126-1		**定　　价** 69.90 元	

责任编辑　柳丽敏　　**责任美编**　金　晖
责任校对　张　宁　　**责任印务**　田　文